세상은 문밖에 있다

세상은 문밖에 있다

한계에 부딪혀
일어설 용기를 잊은
젊은 경영인에게

강태선 지음

프롤로그

끝내 넘어야 할 산은 나 자신이 아닌가

BYN블랙야크그룹(이하 블랙야크)은 동대문의 1평짜리 가게에서 시작되었다. 모든 시작은 이렇듯 미약하고 때로는 무모해 보인다. 하지만 시작만이 불가능에 도전하는 일을 가능케 하고, 새로운 세상을 향해 과감히 발을 내딛게 한다. 특히 창업이라는 시작은 언제나 내 가슴을 뛰게 한다. 20대 초반, 나는 홀로 고향 제주를 떠나 서울로 상경해 기성복 판매 일을 했다. 그러던 중 운명처럼 가게 자리 하나를 얻었고, 그곳에서 오늘날 우리 회사의 전신인 작은 상점 '동진사'를 열었다.

이후 동진사에서 동진산악으로 상호를 변경하면서 국내 최초 기술로 자체 개발한 등산용품을 만들게 되었다.

나의 오랜 꿈이 이루어진 순간이다. 그렇게 탄생한 국내 최초의 글로벌 아웃도어 브랜드는 어느덧 중국의 만리장성을 넘어 아웃도어 본고장인 유럽에까지 진출했다. 이 과정에서 나는 한 가지 신념을 갖게 되었다. 나로부터 시작된 도전의 길에는 두려움과 불가능이 걸림돌이 될 수 없다는 것이다. 13년 만에 다시 책을 내게 된 이유도 여기에 있다. 수많은 도전과 시행착오 속에서 내가 깨달은 바가 지금 잠시 성장을 멈춘 이들의 야성을 일깨울 수 있겠다는 생각이 들었다.

그동안 세상은 일일천리(一日千里)로 발전을 거듭하면서 달라졌다. 이제는 인공지능의 발전이 기업의 경영 환경과 인간의 삶을 얼마나 바꿔놓을지 가늠할 수조차 없다. 하지만 달라지지 않은 사실은 있다. 그럼에도 불구하고 나만의 목표를 갖고 도전해야 한다는 점이다. 다만 젊은이들에게는 도전할 때 '1등을 목표로 삼지 말라'고 강조하고 싶다. 1등이 아닌 자신만의 목표를 향해 나아가면서 그 모든 과정을 스스로 겪어내야 의미 있는 성공을 이루어낼 수 있기 때문이다. 이로써 결국 넘어야 할 산은 나 자신임을 깨닫는 순간, 도전은 더 이상 두려움의 대상이 아니다.

도전의 과정은 외롭다. 그럴 때마다 나는 산에 올랐다. 그동안 힘들게 겪어낸 산행은 생존의 세계에서도 등반에 나설 때처럼 자신을 믿으라고 가르쳐주었고, 히말라야는 삶과 죽음의 경계에서 생존의 의미를 깨닫게 했다.

1997년 봄, 나는 안나푸르나와 칸첸중가를 등반하는

합동원정대의 대장으로 히말라야를 찾았다. 그때 설원(雪原)에 캠프를 설치하는 과정에서 등반자끼리 서로의 몸을 묶는 안자일렌을 하지 않아 네팔의 셰르파 나티가 빙하의 갈라진 틈인 크레바스에 빠지고 말았다. 전날 밤 폭설이 내려 크레바스 몇 개가 설원처럼 평평하게 덮어버렸지만, 모두가 잘 아는 등반길이라 방심한 채 베이스캠프를 출발했던 것이다. 사고를 당한 셰르파는 엄홍길 대장과 의형제까지 맺을 정도로 한국인과 인연이 남다른 셰르파였다. 모든 대원은 등반을 중지하고 구조에 나섰다. 하지만 크레바스 밖으로 끌려 나온 나티는 이미 절명한 상태였다.

카트만두에 연락해 헬리콥터를 불렀는데 꼬박 4박 5일이 걸린다고 했다. 그동안 침낭에 싸여 베이스캠프로 운구된 나티의 시신이 머물 자리는 2인용 텐트를 혼자 쓰는 내 텐트밖에 없었다. 그렇게 나는 5일 동안 시신과 함께했다. 나 역시 온몸에 경련이 일어 탈진한 상태로, 불어

터진 입술과 시커멓게 탄 얼굴로 누워 있었기에 산 사람과 죽은 사람이 별반 다르지 않으리라는 생각이 들었다. 더군다나 잠이 들면 나도 시체와 다를 바가 없지 않나. 아침에 깨어나면 살아 있는 것이고, 깨어나지 못하면 죽은 상태다.

이토록 사람은 더없이 나약한 존재이며 태어나 죽는 건 순리다. 그때 나는 인간이든 기업이든 가장 중요한 것은 '살아남는 것'임을 절감했다. 그리고 우연인지 필연인지 그해 연말 IMF 외환위기가 왔다. 하지만 사상 초유의 국가적 위기 속에서도 나는 좌절하지 않았다. 삶과 죽음의 경계에서 죽음을 이겨냈기에 삶 속의 어려움에는 굴하지 않는 용기를 얻었기 때문이다. 그렇게 버틴 덕분에 일생일대의 기회를 만날 수 있었다. 당시 실직한 남자들이 산을 찾기 시작했고, 남편을 따라나선 여성들이 등산복의 디자인과 기능에 관심을 가지면서 아웃도어 시장이 들불처럼 타올랐던 것이다.

만약 그때 기사회생을 도모하지 않고 포기했다면 오늘날의 블랙야크는 없다. 그해 히말라야의 경험 속에서 살아만 있다면 무엇이든 할 수 있다는 자신감을 얻었기에 가능한 도전이었다. 나흘 밤 시신과 함께 머물렀던 히말라야의 텐트 속은 인생의 진리를 깨닫게 하는 구도의 장이었던 것이다.

산을 오르는 과정은 이렇듯 매 순간 삶의 교훈을 준다. 사실 산악인에게 정상의 순간은 큰 의미가 없다. 그보다는 등반을 준비하는 과정 자체가 더 중요하다. 극한의 날씨에 적응할 몸과 마음을 만들고 안전을 위한 장비와 식량을 준비하고, 크레바스의 위험을 피할 생존의 기술을 익히지 않으면 살아남을 수가 없기 때문이다. 그래서 정상에 오른 순간보다는 오르기 위한 과정이 더 중요하고,

베이스캠프를 정상에 가깝게 올리는 것보다는 철저한 사전 준비가 더 중요하다.

삶과 경영에서도 마찬가지다. 목표한 바를 이룬 쾌거의 순간은 잠깐이다. 도달하면 내려가야 하기에 정상에 선 감회보다는 오르기 위해 준비하는 과정과 그동안 깨우친 지혜와 생존의 기술을 내재화하는 것이 더 중요하다. 그래야 두려움 없이 또 다른 도전에 나설 수 있다. 산악인이자 경영자로서 나의 경영 신념과 인생철학도 이것으로 귀결되며, 내가 이 책을 통해 독자들의 가슴속에 새겨주고 싶은 메시지이기도 하다.

또한 남들의 뒤를 쫓는 대신 내 안에서 길을 찾고 과감히 도전해 보길 바란다. 이 세상에 길이 없는 곳은 없다. 길을 가다가 암벽을 만나도 단단히 딛고 올라가면 그것이 길이고, 낭떠러지를 만나도 로프를 타고 내려가면 그 또한 길이 된다. 그러니 나만의 길을 찾았다면 과감히 시작해 보자. 성공은 기다리는 자의 것이 아니라 끊임없이 시도하는 자의 것이다. 살아 있는 한 못 해낼 것은 없다. 주저하지 말고 더 넓은 세상으로 나와 자신만의 꿈을 펼쳐 보자. 그 순간 두렵고 망설여진다면, 수십 년 전 갖은 우려와 난관을 무릅쓰고 세계로 먼저 나간 선배인 나를 기억해 주길 바란다.

2025년 11월
강태선

차례

프롤로그 끝내 넘어야 할 산은 나 자신이 아닌가   4

1장 ──
아무도 가지 않은 길을 가라
창조 경영

종로5가 321-25번지, 1평짜리 베이스캠프   19
인생에 한 번쯤은 창조자를 꿈꿔라   30
사업은 정복이 아니라 '등정'이다   39
성공과 실패가 아닌 '성공과 포기'만 있을 뿐   50
3無 3不의 승부사가 되어라   60
세상은 문밖에 있다   74

2장 ——

다르게 싸워라, 반드시 이긴다
돌파 경영

애초에 수비형이면 골을 넣을 수 없다 85

걸림돌과 디딤돌의 쓸모 97

팔릴 물건을 만들지 마라 108

잘못 채운 단추는 처음부터 다시 끼워라 117

경영과 등반의 제1원칙은 '살아남는 것'이다 125

하산할 때가 더 위험하다 136

3장 ──

생존을 넘어 공존을 꿈꿔라
상생 경영

성을 쌓지 말고 길을 만들어라 147

신뢰는 운명에 맞설 힘이 된다 160

고객은 9부 능선 위에 존재한다 170

장사꾼과 기업가의 차이 182

유엔이 블랙야크를 주목한 이유 192

1평짜리 베이스캠프가 3만 평 야크마을로 208

4장 ──

경영자의 마음으로 삶을 경영하라
인생 경영

세계를 무대로 꿈을 펼칠 젊은 창업가들에게 221

일은 노동이 아니다 236

배우면서 일하는 자만이 살아남는다 245

시간 관리는 양심의 문제다 255

대나무는 매듭 없이 곧게 자라지 않는다 261

김우중 회장님과 나눈 마지막 이야기 270

에필로그 업의 본질을 지키는 창조자가 되자 282

1
—
장

아무도 가지 않은 길을 가라

**창조
경영**

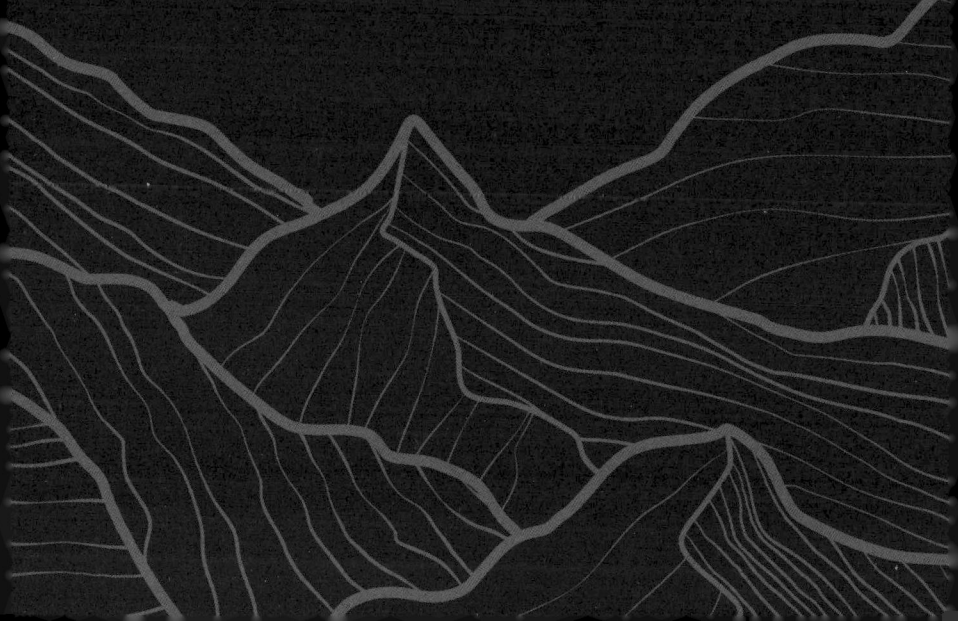

"산을 오를 때는 다른 꼼수를 부릴 수 없다.
그저 나의 두 다리로 한 발 한 발 올라가야 한다.
그러니 오르막을 갈 때는 내리막을 생각하고
내리막을 갈 때는 계곡이 있을 거라고 위로하며
산을 오르듯 인생을 살고 기업을 경영하면 된다."

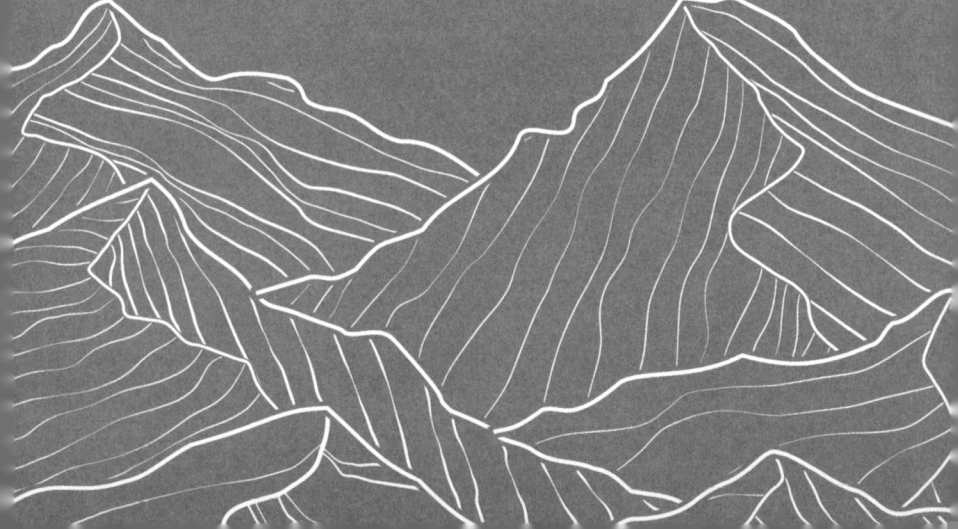

종로5가 321-25번지,
1평짜리 베이스캠프

"그 가게 나한테 주시지. 형은 왜 남한테 주려고 했소."

1973년, 내가 종로5가의 의류 매장 직원으로 일하던 시절이었다. 잘 아는 형이 보증을 잘못 서서 당장 자신의 가게를 처분해야 하는 상황이었다. 그런데 가게를 인수하겠다는 사람이 계약 당일에 아무 소식도 없이 나타나지 않은 것이다. 몹시 곤란해진 형은 야반도주라도 해야 할 판이었다. 나는 형의 사정을 듣자마자 추호의 망설임도 없이 가게를 달라고 했다.

형은 너무 놀란 나머지 두 눈을 커다랗게 뜨고는 한동

안 말을 잇지 못했다. 그러고는 나를 빤히 쳐다보더니 고개를 끄덕였다.

"너 가진 돈 있냐? 보증금하고 권리금 포함해 20만 원만 줘."

"지금 당장은 없어요. 내일까진 어떻게 해서든 마련해 볼 테니 가게는 나 주소."

당시 나는 거의 무일푼에 가까웠다. 그러니 가게 인수는 용기가 아닌 객기에 가까운 결심이었다. 하지만 일은 벌여놓으면 어떻게 해서든 해결할 방도를 찾기 마련이다. 우선 일하던 가게 사장님께 사정을 말씀드렸다. 나는 그곳에서 일을 배우는 조건으로 먹고 자면서 거의 무보수로 일했는데 평소 성실하게 일해왔기에 약간의 도움은 주실 거라고 생각했다. 다행히 사장님은 내 손에 3만 원을 쥐여주면서 격려도 해주셨다. 하지만 부족한 자금 17만 원은 어디서 마련해야 하나 막막했다. 결국 서울에 처음 올라와서 일한 이모님의 가게를 찾았고 이모님은 흔쾌히 사업자금을 빌려주셨다.

그렇게 일하던 매장의 사장님과 이모님의 도움으로 가게 인수 기회를 잡을 수 있었다. 그해 2월 나는 남성 의류를 파는 '동진사'를 시작하면서 20대 중반의 나이에 청년 사업가가 되었다. 토종 아웃도어 브랜드 블랙야크의 첫걸음은 이렇게 시작되었다.

스물네 살 제주 출신 청년 사업가의 도전

나는 제주에서 태어나 그곳에서 고등학교를 졸업했다. 대학에 진학하라는 어머니의 권유도 마다하고 취업해서 일을 하던 중 홀로 상경했다. 중학교 때 서울 사는 이모님 집에 가서 본 대도시의 활기찬 모습이 강렬한 기억으로 남아 머릿속을 떠나지 않았고, 고등학교 진학을 위해 제주시로 유학을 온 후 시작된 자취 생활이 너무나 갑갑하게 느껴졌기 때문이다. 유년 시절 서귀포의 아름다운 자연환경 속에서 친구들과 마음껏 뛰어놀며 한라산을 놀이터 삼아 오르던 때의 자유로움과 호방함이 그리웠다. 서울 곳곳에 산이 많다는 것도 마음에 들었다. 무엇보다 고등학교를 졸업하고 나니 제주도가 나에게는 너무 작게 느껴지면서 자연스럽게 더 큰 기회의 땅을 꿈꾸기 시작했다.

이모님은 남대문에서 의류상을 하고 있었다. 나는 이모님네 가게 일을 도우면서 영업과 장사의 기본기를 배웠다. 그렇게 1년 동안 일한 후 종로5가의 큰 의류 매장 점원으로 취직했다. 그때 몇몇 사업을 접할 기회가 있었는데 그중 내 관심을 끈 것은 등산장비업이었다. 어릴 적부터 산을 좋아했기에 등산장비에도 자연히 관심이 갔다. 우리나라에 등산용품이 처음 등장한 시기는 1960년대 말이었는데, 그 여명기에 남대문에서 일하고 있었던 것은 내게 행운이었다.

하지만 당시 등산장비업은 매장도 없이 좌판에 미군용품을 개조한 엉성하기 짝이 없는 물건을 파는 수준에 불과했다. 사정이 이러하니 산악인들의 등산용품은 미군 부대에서 나온 물건과 군복 등을 수선한 정도였다. 하지만 나는 우리나라의 경제 발전 속도에 비례해 시장 규모도 커질 것으로 판단했기에 훗날 내 사업을 하게 되면 등산용품을 팔아야겠다는 생각을 하고 있었다. 물론 이모님을 비롯한 주변 사람은 모두 만류했다.

"아이고, 기가 막혀서 말이 다 안 나온다. 번듯한 의류 매장을 두고 왜 좌판에서 등산용품을 팔려 하니? 네 엄마가 들으면 뭐라 하겠냐."

이모님은 나중에 내가 자신의 매장까지 인수하길 바랐던 터라 특히 반대가 심했다. 그럼에도 나는 독립을 강행했고, 운 좋게도 좌판이 아닌 작은 1평짜리 소매상 매장을 열 기회를 잡았다. 그게 바로 동진사였다. 다만 등산장비업이 아닌 의류업으로 창업한 것은 내가 잘 아는 분야로 시작해서 돈을 번 후, 빌린 돈도 갚고 차차 등산장비를 제조할 자금을 마련하기 위함이었다.

다행히 기성복 판매는 잘되었고 거기서 만족하지 않은 나는 옷을 제작해서 팔기도 했다. 그렇게 2년여의 시간이 흘러 사업은 안정화되었지만 내 마음 한편에는 못내 아쉬움이 남았다. 그제야 애초 독립을 결심할 때의 꿈인 등산장비 제작과 판매를 해야겠다는 생각이 들었다. 그 순간 가슴이 쿵쾅거렸다. 중학교 시절 한라산 등반의 추억을 품고 있던 내가 드디어 국산 등산용품을 만들겠다는 꿈을 실현하게 된 것이다.

그렇게 창업 2년 만에 동진사는 '동진산악'으로 이름이 바뀌었고, 본격적으로 등산장비에 주력하면서 가장 먼저 배낭을 만들었다. 아쉽게도 큰 성공을 거두지는 못했지만 배낭에 이어 다른 제품까지 만들 자신감은 생겼다. 국산 등산장비를 내 손으로 만든다는 자부심은 전국을 누비는 도매상으로서 통 큰 사업을 할 용기를 갖게 했다. 이를 위해서는 동대문의 체육사 사장님들과 연이 닿아야 했다. 아무런 연줄이 없던 나는 지방에서 올라온 소매상들이 많이 가는 동대문의 체육사 골목으로 매일 출근해서는 가게 앞을 비질하면서 사장님들과 안면을 텄다. 그들은 나의 열정과 끈기에 마음을 열었고 적극적으로 도와주었다. 그렇게 동진산악은 전국구 도매상으로 자리 잡았다.

그때 나는 또 하나의 도전을 도모했다. 전국으로 팔리는 우리 제품에 이름이 없다는 것이 못내 아쉬웠기에 브랜드를 만들기로 한 것이다. 바로 '자이언트(GIANT)'다. 1976년 동진산악의 첫 번째 브랜드가 탄생했다. 당시 등산장비 업계는 상표 등록에 관심이 없었다. 상표를 관리하는 특허청이 1977년에 신설되었을 정도였으니 자이언트의 등장은 일종의 혁신이었다. 종로5가 한구석에서 시작한 동진의 도전이 대한민국 아웃도어 업계의 개척자 역할을 한 것이다.

삶은 도전과 같은 말이다

인간이 태어나는 순간 도전도 시작된다. 기어다니던 아이가 몸을 가누기 시작하면 스스로 앉고, 어느새 뒤뚱거리며 일어나 걷는다. 이 모든 과정이 도전의 연속이다. 그리고 우리는 누구나 그 시절 스스로 일어나 걷기에 성공한 경험이 있다. 그때 얼마나 부단히 노력했는가. 만약 일어서려다가 주저앉을 때 용기를 내지 못했다면 다시는 일어서서 걸을 시도조차 하지 못했을 것이다.

성인이 되어서도 마찬가지다. 매 순간 선택을 해야 하고 새로운 것을 배우고 도전해야 살아남는다. 이처럼 인간의 삶 자체가 도전의 연속이기에 도전만으로는 안 된다. 그렇다면 무엇이 더 필요한가? 의지와 끈기가 있어야 한다. 끈기가 없으면 도전을 이어갈 힘이 없고 의지가 굳건하지 않으면 실패가 두려워 도중에 포기하고 만다. 어린아이가 몇백 번이고 넘어져도 다시 일어서기에 도전하듯, 좌절과 패배의 순간에 잠시 상심할 수는 있지만 그대로 꺾여서는 안 된다. 그러니 일어서다 넘어지면 또 일어서는 과정 자체를 즐겨야 하는 게 삶이다.

나의 삶도 끝없는 도전의 여정이다. 그 도전은 내 인생의 첫 베이스캠프였던 종로5가 321-25, 1평짜리 가게에서 시작되었다. 간판을 새로 내걸 돈이 없어서 상호조차 바꿀 수 없었던 그 가게는 훗날 국내 브랜드로는 최초로 중국과 유럽 시장에 진출한 글로벌 아웃도어 브랜드의 모태가 되어주었다. 숱한 좌절과 시련, 기쁨과 환희의 시간이 마법처럼 시작된 곳이기도 하다.

스물네 살의 창업으로 나에게 도전은 매일 아침 눈을 뜨는 것과 다를 바 없는 일상이 되었다. 그 덕분에 나는 지금도 늘 행동한다. 경영을 하면서 깨달은 것 중 하나가 행동하는 것보다 행동하지 않는 것의 리스크가 훨씬 더 크다는 점이다. 기회는 현재 진행형이기 때문이다. 경영뿐 아니라 인생살이도 마찬가지다. 살다 보면 기회는 끊이지 않고 계속 찾아온다. 이번 기회를 놓쳐도 다음 기회는 반드시 온다. 그런데 행동하지 않으면 매번 그 기회를 놓치고 후회만 거듭하게 된다. 반면에 행동에 주저함이 없는 사람에게는 그만큼 실패를 만회할 기회도 자주 온다. 그러니 도전은 성공의 또 다른 이름이기도 하다.

오늘날의 블랙야크에 이르기까지 나에게는 단 하루도

소중하지 않은 날이 없다. 숱한 도전과 실패의 과정에서 경험한 기쁨과 좌절, 절체절명의 위기와 환희, 배움과 깨침… 그 모든 것이 밑거름이 되어 오늘날의 블랙야크를 단단히 받치고 있기 때문이다. 그래서 나는 새로운 아침을 맞는 게 즐겁다. 오늘도 도전할 무언가를 만날 수 있지 않은가.

환경을 탓하지 말고 스스로 길을 만들어라.

인생에 한 번쯤은
창조자를 꿈꿔라

―――

'창조'처럼 가슴 설레는 말도 없다. 무(無)에서 유(有)를 창조해 본 사람이라면 누구나 공감할 수 있을 것이다. 다만 하늘 아래 새로운 것은 없다는 경구처럼 무에서 유를 만드는 것만 창조의 범주에 해당하는 것은 아니다. 오랜 시간 특정 영역에 지대한 관심을 갖고 끊임없이 학습하면서 나만의 문제의식에 기반한 새로운 결과물을 내놓으면 그 역시 창조라 할 만하다. 즉, 창조는 기존의 방식이 아닌 '나만의 새로운 관점'으로 결과물을 내는 것으로 사회와 시대에 미치는 영향력이 막강하다. 반면 창작은 새로운 시대를 여는 독창성과 창의적 돌파력 측면에서는 창조만큼 영향력이 크지 않다고 생각한다.

  기업의 경영자도 창조 경영자와 창작 경영자로 나눌 수 있다. 창조 경영자가 1세대 창업가라면 창작 경영자는 2세 경영자이거나 수입업체 CEO 등이라 할 수 있다. 그렇다면 우리나라의 대표적인 창조 경영가는 누구일까? 나는 이런 질문을 받으면 주저하지 않고 현대그룹의 정주영 회장님과 대우그룹의 김우중 회장님을 꼽는다. 이들은 1세대 창업가로 자수성가의 대명사이자 당시의 시대상을 고려한다면 맨손으로 기업을 이룬 진정한 창조자이기 때문이다. 게다가 이들의 창업가 정신은 한 기업뿐 아니라 우리나라의 창조 경제에 이바지한 바가 지대하다.

개인도 기업도 원천 경제로 나아가야 한다

  "나는 있는 것은 안 해. 없는 것을 만들지."

  정주영 회장님은 건설업을 하다가 자동차와 조선업에 진출한 이유를 묻는 이에게 이렇게 답했다. 이러한 창조적 발상의 근간에는 분명 상상력이 작용했을 것이다. 경영자에게 상상력은 세상에 없는 것을 꿈꾸게 하기 때문이다. 무엇보다 정주영 회장님은 불굴의 개척 정신을 가진 경영자이자 위대한 도전자다. 2015년은 정주영 회장님의 탄생 100주년이 되는 해다. 하지만 그의 도전은 마치 엊그제 일처럼 생생하다. 그만큼 도전 정신은 시대를 초월한 가치를 지니는 것이다.

대우그룹의 김우중 회장님도 창조적 도전 정신의 대명사다. 맨주먹으로 사업을 시작해서 대우그룹을 재계 2위에서 글로벌 기업으로 거듭나게 했다. 누구도 해외 시장 개척에 엄두를 내지 못하고 있을 때 세계 경영의 선구자 역할을 했으며, 경제 발전에 혁혁한 공을 세운 기업가다. 유럽 냉전 후 가장 먼저 동유럽으로 달려갔고 당시로서는 왕래조차 거의 없던 낯선 땅에 가장 먼저 진출해 대한민국 브랜드를 알렸다. 내가 좁은 한국에서 벗어나 세계로 나가기 위해 글로벌 경영을 도모할 때 가장 큰 영감을 얻은 기업가이기도 하다. 그리고 나와는 개인적인 인연이 깊다. 2019년에 돌아가시기 전 몇 해 동안은 내가 베트남에 갈 때마다 뵙기도 했다.

창업가 정신이 창조하는 경제적 가치는 그 한계를 가늠할 수 없다. 우선 창업가 정신은 시장, 소비자, 상품을 만들어낸다. 물론 모방 경제도 이것들을 만들어낼 수는 있다. 시장 조사를 하고 샘플을 참고하면 제품을 생산할 수 있고 잘 팔릴 가능성도 있다. 다만 그것만으로는 세계 1등이 될 가능성이 적다. 무엇보다 경쟁자들에게 금세 추월당할 게 뻔하다. 안타깝게도 우리나라의 경제 형태도 모방 경제의 범주에서 벗어나지 못하는 하청경제가 주를 이룬다. 오로지 기술만 있을 뿐 시장이 없고 글로벌 브랜드도 부족하기 때문이다. 반면에 미국은 가장 대표적인 원천 경제 국가로 끊임없는 혁신이 일어나고 있다.

그렇다면 원천 경제가 성립되려면 어떤 요소를 갖추어야 할까? 첫째 시장이 있어야 하고, 둘째 글로벌 브랜드가 있어야 하고, 셋째 기술이 있어야 하고, 넷째 자본이 있어야 한다. 미국은 이 모든 것을 가진 완벽한 원천 경제 구조다. 반면 중국은 시장은 있지만 브랜드가 작고 기술도 아직은 미흡하다. 최근 반도체와 AI를 비롯해서 최첨단 과학기술에서 미국을 위협하는 수준의 비약적인 성장을 이루고 있지만 원천 경제의 수준에는 이르지 못하고 있다.

이에 우리나라가 나아가야 할 방향은 분명하다. 하청 경제에서 벗어나 선진화된 원천 경제로 나아가야 한다. 지금 세계는 제조업을 기반으로 서비스와 신기술이 융합된 새로운 비즈니스 모델에 집중하고 있다. 전통적인 제조 강국인 한국의 기업들도 이러한 경쟁에 뛰어들어야 한다. 이 기회마저 놓친다면 영원히 글로벌 제조업 강자들의 하청 기업으로 전락하고, 우리나라의 경제도 하청 경제에서 헤어나지 못할 것이다.

기업도 마찬가지다. 하청 기업이 아닌 원천 기업으로 변모해야 한다. 후발주자에게 추월당하지 않기 위해서라도 좁은 한국 시장에서 탈피해 글로벌 브랜드를 만들어 세계로 뻗어나가야 할 것이다. 창조 경영의 근간인 기업가 정신이 필요한 이유다.

히말라야에서 탄생한 블랙야크의 창조 정신

블랙야크가 국내 아웃도어 시장의 점유율을 높여가고 있을 무렵, 나는 업계 최초로 중국 진출을 시도했고 이후 유럽과 미주의 판로 개척에도 나섰다. 이러한 과감한 도전은 동진 시절인 1976년 국산 아웃도어 브랜드인 '자이언트'를 만들 때 경험한 창조 경영의 성과 덕분이다. 시장도 없고, 소비자도 없고, 상품도 없던 '무(無)'의 상황에서 오히려 절호의 기회를 발견해 과감히 도전한 경험은 훗날 해외 시장 개척에도 큰 동력이 되어주었다.

그뿐 아니라 1995년 탄생한 새로운 프리미엄 브랜드인 블랙야크도 창조 정신에 기반해 도전한 결과물이다. 1993년 무렵 국내 아웃도어 시장의 매출은 등산장비가 90%, 등산복은 10%인 상황이었다. 누가 봐도 등산장비를 만들어 파는 게 안정적인 매출을 올리는 전략이었다. 시장이 있고 고객이 있으니 당연한 논리 아닌가? 그런데도 나는 아무도 주목하지 않던 등산복 시장에 본격적으로 도전하기로 결심했다.

그때 나는 시장 조사를 통한 데이터에는 드러나지 않았던 숨겨진 '가능성'에 주목했다. 당시 정부가 국립공원 내 취사 및 야영 금지 조치를 시행해서 등산장비 업체의 70%가 도산했고, 우리 회사도 절체절명의 위기를 맞았다. 하지만 등산복은 정부의 규제를 받지 않을뿐더러 국내 시장의 비중이 낮은 아이템이었다. 또한 당시 등산복은 전문가들을 위한 기능성만 강조한 투박한 디자인의 제품뿐이었기에 새로운 돌파구를 만들 수 있겠다는 확신이 들었다.

이러한 사업적 확신은 엄홍길 대장과 함께한 초오유와 시샤팡마 원정에서 해발 8000미터가 넘는 고산을 오르며 체력과 정신의 한계에 다다른 순간에 더욱 확고해졌다. 이 원정은 사업을 포기해야 할 기로에 선 동진레저의 암울한 앞날에 한 줄기 빛을 비춘 운명적인 순간이었다. 이때 블랙야크 브랜드도 탄생했다. 당시 엄홍길 대장은 업종 변경을 고민하는 나에게 야크를 가리키며 한 가지 제안을 해주었다.

"아웃도어 의류를 만드실 거면 브랜드 이름을 '야크'로 하면 어떻겠어요?"

산악인을 위해 묵묵히 짐을 나르고 있는 야크의 정체성은 내가 지향하는 아웃도어 의류 이미지와 절묘하게 맞아 떨어졌다.

히말라야에서 돌아오자마자 계획을 실행에 옮기기 시작했다. 물론 사내 반대 의견이 만만치 않았다. 당시 사내에 반대론이 가라앉지 않자 나는 단호하게 말했다.

"지금이 우리가 아웃도어 의류를 자체 생산하고 수출해야 할 적기입니다. 지금 못 한다면 영영 후진국 산업구조에서 벗어날 수 없습니다."

다행히 나의 의지는 임직원들의 마음을 움직여 다시 한 번 결집하는 계기를 만들어주었다. 브랜드명은 야크 앞에 '블랙'을 붙여 좀 더 강인한 이미지를 심어주기로 했다. 이후 소재 발주처를 확보하기 위해 미국으로 날아가서 고어텍스 등 고급 소재를 공급하는 회사들과 공급 계약도 맺었다.

그렇게 일사천리로 일이 진행되었고 드디어 블랙야크 이름으로 등산복이 출시되었다. 이때 우리는 또 한 번의 파격적인 모험을 강행했다. 히말라야의 극한 환경을 상징하는 검은 소 야크에서 영감을 얻어 검은 색상의 등산복을 출시한 것이다. 기존의 등산복은 등반 시 조난 상황에서 눈에 잘 띄라고 원색으로 제작하는 게 일반적이었는데 블랙야크의 등산복은 이러한 통념을 깼고 그 발상의 전환은 좋은 결과로 이어졌다. 검은색 등산복은 날씬해 보이는 효과를 준다는 점에서 여성들의 선호도가 높았다. 그때 나는 다시 한번 창조 경영의 힘을 절감했다.

기업은 선점과 투자를 통해 신성장 동력을 얻어야 무한경쟁에서 한발 앞서 나갈 기회를 잡을 수 있다. 눈앞에 보이는 것만 좇으면 결국 레드오션에만 머물 뿐이다. 남들이 모두 된다고 확신하는 시장만 고집하는 것은 오히려 리스크가 크다. 치킨게임의 희생양이 될 확률이 높기 때문이다. 이런 시장에서는 무한 출혈경쟁을 하면서 힘겨루기를 하다가 지쳐서 나가떨어지기 마련이다. 물론 누군가는 마지막까지 살아남아서 독점기업이 될 수도 있다.

하지만 이런 '겁쟁이 게임'에 시간과 자본을 쓰기보다는 과감히 새로운 시장을 개척하는 창조 경영의 주인공이 되는 게 낫지 않은가. 실패하더라도 미래를 상상할 힘을 얻고 나만의 승부수를 던질 용기를 얻게 될 테니 말이다. 고개를 돌려 다른 곳을 봐야 하는 이유다.

사업은 정복이 아니라 '등정'이다

───

"경영, 거창할 것 없습니다. 산을 오르듯 회사를 경영하면 됩니다."

나에게 경영에 관해 묻는 이들에게 이렇게 답하곤 한다. 실제로 지난 50여 년간 BYN블랙야크그룹의 경영도 산을 오르는 것과 다를 바 없었다. 경영은 매 순간이 결정의 연속이며 예상치 못한 복병을 만나 어려움에 직면하기 일쑤다. 산길도 예측하기 힘들다. 평탄한 길을 걷다가도 어느새 굽이진 오르막길이 나타나며, 따뜻한 햇볕이 나다가도 비바람이 몰아치기도 한다. 그러니 산을 오를 때도 수백 개의 결정을 내려야 한다.

　오르막과 내리막이 공존한다는 점에서도 경영은 산을 오르는 것과 같다. 순탄하기만 한 사업이 어디 있겠는가. 사업을 시작한 이후 돈 버는 재미에 고단함을 잊을 정도의 호황기도 있었지만, 하루아침에 동종업체들이 줄도산할 정도로 위기의 순간도 있었다. 하지만 그때마다 내가 버틸 수 있었던 것은 산을 오르며 체득한 겸허한 이치 덕분이다.

　산 정상에 가까워지려면 능선을 따라 오르막과 내리막을 반복해서 지나야 하고 때로는 계곡과 돌산을 지나기도 한다. 기업이 성장하는 과정에서도 내내 오르막만 오를 수는 없다. 오르막과 내리막을 거듭하면서 차츰 목표에 가닿는 것이 경영이다. 그러니 사업은 정복이 아니라 '등정'이다. 한 번의 성공이 영원히 이어지지 않을뿐더러 실패도 끝이 아니다. 인간이 자연을 정복할 수 없듯이 사업에서의 성공도 잠시 정상을 딛고 더 멀리 볼 수 있는 기회일 뿐이다.

산에서 배우는 삶과 경영의 정도

블랙야크의 경영 정신은 고산을 등반하는 산악인의 마음가짐과 일맥상통한다. 그들은 길이 없는 눈 덮인 설원을 등반할 때 늘 새로운 길을 만들어나간다. 혹독한 등반 환경에서는 고산병으로 죽음의 문턱까지 다녀오기도 하고, 칠흑 같은 어둠과 살을 에는 추위 속에서 등불 하나에 의지해 영원히 오지 않을 것 같은 아침을 기다리기도 한다. 악천후로 길이 보이지 않을 때는 지금 내 눈에만 보이지 않을 뿐 길은 그 자리에 있다는 믿음으로 걷기를 포기하지 않는다. 이럴 때는 그저 죽음을 기다리는 게 아니라 조금이라도 시야가 트인 길을 찾기 위해 한 걸음 한 걸음을 내디뎌야 한다. 어디 그뿐인가. 등정 도중 숨진 동료의 시신도 찾지 못한 채 산에서 내려와야만 하는 참담한 고통을 겪기도 한다.

이런 극한의 고통을 견디며 산을 오르다 보면 죽고 사는 문제가 아닌 한 사업상의 어려움이나 눈앞의 암울한 결과에 쉽게 주저앉지 않는다. 어떤 위기의 순간에도 모든 것이 끝난 것처럼 좌절하지 않을 용기가 생기는 것이다. 무엇보다 나는 산을 오르면서 삶과 경영의 정도(正道)를 깨달았다. 바로 전쟁터 같은 생존의 세계에서는 등반에 나설 때처럼 오로지 나를 믿을 수밖에 없다는 것이다.

산에서 나를 비우고 새로운 영감을 얻다

나는 일에 진절머리가 날 때도 산에 오른다. 산에 오르기 시작하면 그 순간부터 얽히고설킨 생각의 굴레에서 벗어날 수 있고 일의 무게도 잠시 내려놓게 된다. 당장의 육체적 힘듦으로 온갖 잡념이 사라지고, 오로지 목표한 지점까지 오를 생각에만 몰두하기 때문이다. 이렇게 분명하고 단순한 목표에 집중하면 어느새 나 자신과의 싸움을 즐기게 된다. 그 과정에서 마음을 비우고 평정심도 되찾는다. 잘해보고 싶다는 욕심이 불러온 화, 남과의 비교에서 시작된 미움 등을 모두 산에 두고 내려올 수 있으니 마음의 화병도 사라지기 마련이다.

또한 육체적 힘듦을 극복하는 과정에서 사업의 영감을 얻기도 한다. 사람은 힘들면 힘들수록 새로운 생각을 많이 하게 된다. 나는 산을 오르는 동안 숨이 차오르고 다리가 후들거릴 때면 잠시 고개를 들어 숲을 보며 숨을 고른다. 그 잠깐의 쉼 속에서 경영상의 난제를 해결할 실마리를 얻거나 새로운 아이디어를 떠올리기도 한다.

나 자신과의 싸움 끝에 산 정상에 오르면 정복의 기쁨보다는 오히려 비움의 카타르시스가 느껴진다. 그래서 산 정상에 서면 더 겸손해지고 나눔과 상생의 중요성을 깨닫곤 한다. 그래서 나에게 산을 오르는 과정은 아름다운 자연환경과 생명의 소중함을 가슴 깊이 절감하고 되새기는 과정이다.

히말라야의 쓰레기를 줍는 '클린 히말라야' 캠페인과 아이스폴 닥터 팀과의 MOU 체결 등도 산행 중에 떠올린 아이디어다. 우리에게 새로운 영감과 가르침을 주고 때로는 편안한 휴식처가 되어주는 산을 지키고 보존해야 한다는 의지를 실현한 것이다. 블랙야크는 2012년부터 에베레스트와 안나푸르나를 중심으로 클린 산행에 나서서 쓰레기를 수거해 오고 있는데, 이 캠페인을 하면서 아이스폴 닥터 팀의 존재를 알게 되었다. 아이스폴 닥터 팀은 기후 변화로 생기는 에베레스트의 등반 위험 요소를 관리하면서 히말라야 환경 정화 활동도 함께 펼치고 있는 히말라야의 상징과도 같은 존재다. 이들과의 협업은 우리의 클린 마운틴 정신을 구현해 나가는 데 아주 중요한 기회이기에 2024년 3월부터 공식적으로 후원하기 시작했다.

그뿐 아니다. 히말라야 등반에서는 기업의 경영자로서 갖추어야 할 리더십의 핵심도 체득할 수 있었다. 등반에는 '극지법'과 '알파인' 두 가지의 스타일이 있다. 극지법은 정상에 도달하기 위해 베이스캠프를 한 단계씩 더 높은 곳으로 전진시키며 정상을 공격하는 방법이다. 목적지로 삼은 산정을 포위하듯 접근하는 등반 방식으로, 고소 캠프가 구축될 때마다 장비와 식량을 올려 보내고 마지막 캠프에서 등정자가 정상을 오른다. 이러한 극지법은 대원의 안전을 확보하는 데는 효과적이지만 자금과 시간이 많이 소요된다는 단점이 있다. 반면 알파인 스타일은 소수 정예 대원이 최소한의 장비와 식량만으로 정상을 오르는 방법으로 극지법에 비해 위험에 노출될 확률이 높고 개인의 체력 소모가 크지만 등반 속도가 빠르다.

나는 이 가운데 극지법을 선호한다. 극지법은 개성이 뚜렷한 대원들의 마음을 모아 서로 협력해서 산을 오르는 방법이다. 극지법으로 히말라야를 등반하면 팀을 이끄는 리더로서 깊은 만족감을 얻을 수 있다. 팀을 정상에 올리며 자기 절제와 헌신의 마음도 배우게 된다. 또한 위험한 산행 속에서 대원들과 소통하면서 경청의 중요성도 깨닫게 된다. 나는 등반에서 배운 극지법을 기업 경영에도 적용하고자 다양한 방법으로 직원들과 하나가 될 수 있는 길을 모색해 오고 있다. 특히 직원들의 다양한 의견을 듣고 협력을 이루기 위해 대화와 소통의 장을 마련하는 데 주의를 기울이고 있다.

내가 오늘도 산에 오르는 이유

혹자는 산을 오르는 이들에게 '어차피 내려올 걸 뭐 하러 힘들게 오르냐?'라고 묻는다. 하지만 실제로 내 두 발로 걸어 올라가 보면 남다른 성취감과 즐거움이 있다. 몸으로 부딪쳐 얻은 것은 쉬 사라지지 않는 법이다. 스스로 해보고 몸으로 느낀 것은 오롯이 자신의 내부에 남는다. 어떤 일을 하든 두려움을 버리고 일단 도전해서 경험을 쌓아야 하는 이유다.

돌이켜 보면 나의 삶은 산을 빼놓고는 설명할 길이 없다. 중학교 시절 한라산 등반으로 시작된 산과의 인연은 나를 꿈에 그리던 히말라야로 인도했으며, 등산용품 청년 사업가에서 아웃도어 토종 브랜드 1세대 창업가로 키워냈으니 말이다.

무엇보다 산은 인생의 스승이자 친구이기도 하다. 언제나 나를 품어주면서 스스로 깨닫게 하는 기회를 주고 있기 때문이다. 때로는 가혹한 고통을 주기도 하고, 때로는 아예 허락하지도 않으면서 나를 되돌아보게 한다. 하지만 정상에 도달하면 그만큼의 기쁨과 상상하지 못한 너른 세상도 보여준다. 그래서 고통과 인내를 감내하면서도 산을 또 오르는 것이다.

이러한 산악인의 정신은 기업의 경영뿐 아니라 우리 인생의 경영과도 맞닿아 있다. 그 어떤 시련이 닥쳐도 중도에 포기하지 않고 기어이 올라야 목적한 정상까지 등정할 수 있듯이 인생에서 저마다 꿈꾸는 성공을 이루기 위해서는 중단 없는 노력이 필요하다. 세상에 공짜는 없고 기다리기만 하는 자에게는 그 어떤 운도 따르지 않는다. 끊임없는 현안에 대한 도전과 응전 속에서 조금씩 나아가는 것이 삶이자 경영이다. 나는 그것을 산과 산악인에게서 배웠다.

내가 가장 좋아하는 산악인은 세계 최초로 에베레스트 정상에 오른 에드먼드 힐러리 경이다. 그는 어떻게 에베레스트를 올랐냐는 질문에 이렇게 답했다.

"한 발 한 발 걸어서 올랐습니다."

산을 오를 때는 다른 꼼수를 부릴 수 없다. 그저 나의 두 다리로 한 발 한 발 올라가야 한다. 그러니 오르막을 갈 때는 내리막을 생각하고 내리막을 갈 때는 계곡이 있을 거라고 위로하며 산을 오르듯 인생을 살고 기업을 경영하면 된다. 이런 정신으로 인생을 살아가면 누구나 이루고자 하는 꿈이 새롭게 보이고 도전을 주저하지 않을 용기도 얻을 수 있다. 이러한 깨달음을 얻기에 나는 오늘도 산을 오른다.

등반의 제1원칙은 생존이다.
경영의 제1원칙 또한 생존이다.

성공과 실패가 아닌 '성공과 포기'만 있을 뿐

―――――

나는 위기라는 단어를 잘 쓰지 않는다. 우리 삶 자체가 도전이듯 위기도 늘 반복되는 일상이 아닌가? 그래서 불안을 조장하는 위기 대신 '어려움'이라는 단어를 쓰려고 노력한다. 어려움은 스스로의 힘으로, 때로는 우리 모두의 힘을 합쳐 극복할 수 있는 과제다. 그래서 간혹 직원들이 다급한 목소리로 큰 위기라도 닥친 듯 "회장님 큰일 났습니다"라며 점심도 먹지 않고 나를 찾으면 그때마다 "뭐가 그리 급해? 밥 먹고 와서 이야기해"라고 대수롭지 않은 듯 답하고는 일단 돌려보낸다.

사실 기업의 경영자에게는 매일매일이 위기 경영이다. 그러니 별도로 위기라는 말을 쓸 이유가 없다. 사업을 시작한 후 나의 삶도 결코 순탄치 않았다. 1평짜리 가게 사장 때부터 하루가 멀다 하고 해결해야 할 문제에 맞닥뜨렸고, 한 번도 가보지 않은 산을 오를 때처럼 잠시도 긴장을 늦출 수가 없었다.

오늘날의 블랙야크도 숱한 시련을 극복하는 과정을 거쳐 날마다 새롭게 태어나고 있다. 거래처의 부도로 심각한 자금난에 시달리면서도 돌파구를 마련했고, 아웃도어 업계의 숨통을 조인 정부의 야영 및 취사 금지 조치 속에서도 살아남을 방안을 모색했다. 그 결과 모든 업체가 포기한 현대자동차 침낭 납품 건을 기적적으로 성공시켰다. 또한 IMF라는 국가비상사태에서도 가파른 오르막길을 오르는 심정으로 묵묵히 한 걸음씩 앞으로 나아갔다. 이런 시련들이 나를 주저앉힐 수는 없었다. 고산을 등반할 때 이러다 죽을 수도 있겠다는 극한의 고통을 극복해 냈기에 어려운 고비마다 산에서의 경험을 떠올리며 스스로 다짐한다.

블랙야크 50년, 위기 곁에는 늘 기회가 있었다

"수업료를 냈다."

사업상의 실패로 손실을 입었을 때 나는 이렇게 말한다. 경영을 하며 가장 큰 수업료를 치른 것은 첫 번째 중국 진출 때였다. 한중 수교 직후인 1993년 중국의 저가 노동력을 활용한 생산기지를 만들기 위해 30만 달러를 투자해 다롄에 제품공장을 차렸다. 당시는 취사와 야영이 금지되어 국내 시장이 크게 축소된 상황이어서 생산비용을 줄일 필요가 있다는 판단이 들었다. 하지만 세간의 우려처럼 과감한 투자이기는 했다.

또한 중국 시장에는 전혀 예상 못 한 문제점들이 숨어 있었고, 비상식적인 일들도 끊임없이 반복되었다. 결국 블랙야크의 첫 중국 진출은 총체적 난국에 부딪혀 2년 만에 철수해야만 했다. 하지만 수업료는 반드시 제값을 한다. 두 번째 도전에서는 그때의 실패를 거울삼아 진출 전략 자체를 재정비했다. 또한 우리만의 독창적인 마케팅과 한층 더 강화된 기술력까지 겸비했기에 중국 시장 공략에 성공할 수 있었다.

첫 번째 중국 진출에서 큰 손실을 보며 쓰디쓴 고배를 마신 것은 지난 50년간의 숱한 어려움 중 하나에 불과하다. 크고 작은 수업료를 낸 시련의 순간은 끝도 없이 반복되었다. 앞서도 언급했듯이 정부의 산림법 개정안 통과로 야영 및 취사가 금지되었을 때는 등산 관련 업체들이 줄폐업했다. 우리라고 상황이 별반 다르지 않았다. 하지만 나는 움츠러들지 않았다. 대신 등산복 시장에 진출하는 등 사업구조 변화를 결심했다. 이때 등산용품을 담당하던 직원 중 일부는 회사를 떠나야 하는 상황이었다. 이들이 서서히 다른 직장을 찾아갈 수 있도록 2년 정도 더 근무할 수 있게 했지만, 회사 분위기는 더없이 침체되었다. 하지만 결과적으로 이런 시련이 없었다면 오늘날의 아웃도어 브랜드인 블랙야크도 없었을 것이다.

사업을 하다 보면 내부의 어려움으로 회사가 휘청이기도 하지만 외부 요인에 의해 큰 타격을 입기도 한다. 1980년 오일쇼크와 1997년 IMF 위기 그리고 2020년 코로나 팬데믹까지 전 세계적인 위기 혹은 국가적 금융위기를 겪었다. 그런데 돌이켜 보면 이때가 오히려 시장 선점의 기회 혹은 창의적 돌파력을 발휘할 기회가 되어주었다. 결과적으로 더 강한 블랙야크를 만드는 전화위복의 계기가 된 것이다.

전 세계의 성장 시계가 멈춘 초유의 사태였던 코로나 팬데믹은 오히려 아웃도어 업계가 새롭게 비상하는 계기가 되어주었다. 거리 두기가 가능하면서 동시에 신체 활동도 할 수 있는 등산으로 2030세대가 몰려들기 시작한 것이다. 그때 '블랙야크 알파인 클럽(BAC)' 가입자도 폭발적으로 늘어났고, 이후에는 국내 최대 아웃도어 커뮤니티 플랫폼으로 자리 잡았다. 2013년부터 운영을 시작한 BAC가 코로나 팬데믹의 위기를 기회로 바꾸는 데 큰 역할을 한 것이다.

2000년대 초반에는 아웃도어 업계 1위 자리를 잠시 내준 적이 있다. 하지만 2014년에는 다시 업계 1위 매출액을 올리면서 경쟁 우위를 점할 수 있었다. 당시 나의 위기 타개법은 경영 환경에 맞는 과감한 인적 쇄신이었다. 특히 수비가 아닌 공격 전략을 취할 때는 선수 구성과 교체가 아주 중요하다. 그 시대에 맞는 제품을 생산하기 위해서는 영업·기획·디자인에 어떤 선수를 배치하고, 특히 최전방 공격수는 누구로 할지 종합적으로 판단해야 한다.

이러한 인적 쇄신 덕분에 깜짝 실적을 거둘 수 있었다.

실패는 '다음' 기회가 있지만 포기는 없다

평소 나의 경영 스타일은 수비형이 아니다. 상대의 공격이 강해질수록 막으려고만 하면 결국에는 수세에 몰려서 공격 기회를 잡을 수 없기 때문이다. 어려운 상황일수록 버티려고만 하지 말고 어떻게 치고 나갈지 고민하면서 기습 공격을 해야 한다. 몸 사리는 전략으로는 지속 가능한 경영이 불가능하다. 이는 창업자 출신 경영인들의 공통점이기도 하다.

다행히 나는 수십 년간 사업을 하면서 맷집이 좋아졌다. 두들겨 맞다 보면 자연스레 반격할 궁리도 하게 된다. 절실하게 내가 가진 모든 역량을 최대치로 끌어올려 반격할 용기와 힘이 생기는 것이다. 그런 의미에서 나는 남들보다 먼저 실패해 보라고 강조한다. 실패를 이겨나가는 과정을 통해 어떤 난관이 와도 견디고 이겨내는 맷집과 자신만의 혜안이 생기기 때문이다.

무엇보다 실패를 대하는 인식을 바꿔야 한다. 진짜 실패는 포기하는 것이다. 포기하는 순간 다음 기회는 없기 때문이다. 그래서 나는 성공의 반대말은 실패가 아니라 '포기'라고 말한다. 수많은 실패의 순간 포기했다면 오늘날의 블랙야크는 없을 것이다. 나는 위기에서 탈출하면서 새로운 가치를 창출해 낼 때마다 보람과 희열을 느꼈다. 물론 외로운 순간도 많았다. 순탄치 않은 여정 동안 좌절하지는 않았지만, 등반대의 대장처럼 선택의 순간마다 외로움을 느껴야만 했다. 하지만 그렇기에 더 치열하게 버틸 수 있었고 불가능에 도전하는 정신도 이어갈 수 있었다.

또한 성공과 실패라는 이분법에서 벗어나야 한다. 성공만 하는 사람이 없듯 실패만 하는 사람도 없다. 그런데 안타깝게도 우리나라는 유독 이런 이분법에 갇혀 있고 실패에 대해 매우 혹독하다. 이는 사회 전반에 팽배한 지나친 병목현상 때문이기도 하다. 특정 시기에 좁은 병목을 통과해야 하는 구조적 문제가 갈수록 심해지고 있다 보니 전 세대가 실패를 용납하지 않는다. 이런 이유로 성공과 실패라는 이분법적 사고가 팽배하다. 획일화된 병목을 통과하고자 발버둥 칠수록 실패는 부정적으로 인식될 수밖에 없다.

　반면에 미국을 비롯한 서구 국가는 실패에 관대한 편으로, 우리나라처럼 실패를 폄하하기보다는 삶의 과정으로 받아들이고 있다. 미국의 빅테크 기업들이 전 세계의 변화를 주도하는 기술력을 갖추고 민첩하게 변신하는 이유도 실패를 통해 더 나은 성공을 이루어나가는 저변이 갖추어졌기 때문이다. 이는 다양성과 기회가 부족한 우리나라의 현실과 극명하게 비교된다. 실패 없는 성공은 의미가 없음에도, 실패를 꺼리고 성공의 가치만 좇는 현실이 참으로 안타깝다. 더군다나 젊은이들이라면 실패를 두려워해서는 안 될 일이다. 최선을 다한 실패는 분명 다음을 도모하는 디딤돌이 된다는 점을 잊지 말아야 한다.

몸을 사리는 수비형 전략으로는
지속 가능한 경영이 불가능하다.
그러니 실패도 해보고 위기도 이겨내 보며
더 나은 성공을 향해 나아가야 한다.

3無 3不의
승부사가 되어라

어엿한 사장님이 된 그날의 감회는 지금도 생생하다. 가게 앞에서 간판을 올려보는데 가슴 한쪽이 뻐근해져 왔다. 돈이 없어서 예전 모자가게의 간판을 그대로 써야만 했지만 전혀 아쉽지 않았다. 나는 그 상호가 마음에 들었다. 그래서 동진사의 '동진'은 이후에도 동진산악, 동진레저 등으로 계속 이어져 왔다. 당시 계약을 마친 후 내가 가장 먼저 한 일은 청소였다. 1평짜리 작은 가게지만 구석구석 정성을 다해 비질 하고 먼지를 떨어냈다. 말끔하게 청소해 놓고 보니 가게 안은 훨씬 더 넓어 보였다. 문제는 다

음 날부터 당장 팔 물건이 별로 없다는 것이었다. 하룻밤 사이 얼떨결에 가게를 인수해서 물건을 준비할 여유가 없기도 했지만 무엇보다 돈이 없었다. 가게 인수 자금이 부족해 이모님과 일하던 가게 사장님의 도움을 받았으니 물건을 사들일 돈이 어디 있었겠는가. 당장 가게에 전시할 물건이라고는 내가 입던 등산복과 평소 등산 다닐 때 메던 배낭과 각종 장비가 전부였다.

그렇게 나의 첫 사업은 시장, 소비자, 상품 이 세 가지 모두가 없는 '3무(無)' 상황에서 시작되었다. 당장 물건 살 돈을 융통할 방법도 없었지만 개의치 않고 가게 문을 열었다. 사람이 궁지에 몰리면 자신의 능력치를 최대로 끌어올려 헤쳐나갈 방법을 찾기 마련이다. 나는 손님을 가게로 들어오게 해서 없는 물건을 팔 방법을 궁리했다.

'시장, 소비자, 상품' 없이 사업을 시작하다

나는 항상 가게의 문을 활짝 열어놓았다. 그러고는 가게 앞에서 지나가는 손님들에게 무작정 인사를 했다.

"안녕하세요, 사장님. 제가 새로 가게를 열었습니다."

"뭐 파는 가게예요?"

"일단 들어와 보세요."

"아이고, 아무것도 없네. 물건도 없이 가게를 열었소?"

나는 얼른 의자를 가게 한가운데로 옮겨놓고 손님에게 앉으시라고 권했다.

"사장님 여기 앉아서 잠시 쉬어 가세요. 혹시 필요한 옷 있으세요? 지금 가게에는 물건이 없지만 찾으시는 걸 말씀해 주시면 제가 근처의 저희 공장에서 바로 가져와서 보여드릴게요."

"양복 한 벌이 필요하긴 한데…."

"양복이요? 당연히 있습니다. 원하시는 색상을 알려주시면 사장님 체격에 딱 맞는 걸로 몇 벌 가져오겠습니다."

공장이 있을 리 만무했다. 하지만 양복은 얼마든지 구해 올 수 있었다. 옆 가게 양복점 사장님에게 대신 옷을 팔아드리겠다고 약속하고 손님에게 어울릴 만한 양복 몇 벌을 얼른 가져다 보여주었다. 그러고는 손님이 고른 양복에 맞는 와이셔츠와 넥타이까지 가져다가 권했다. 텅 빈 가게에서도 장사는 가능했던 것이다.

한동안 나는 근처 가게에서 물건을 빌려다가 파는 영업 전략으로 매출을 올렸다. 그렇게 다른 가게에서 물건을 빌려다 파는 것을 '데도리'라고 했다. 그런 영업이 가능했던 이유는 동대문 시장의 상권을 통째로 머릿속에 넣고 있었기 때문이다. 양복, 구두, 모자, 와이셔츠 등 손님이 무엇을 찾을지 알 수 없으니 물건을 수급할 수 있는 가게를 모두 머릿속에 담아둘 수밖에 없었다.

내가 물건을 찾으러 나간 사이 손님을 붙들어 놓을 수 있는 이벤트도 필요했다. 한번은 구두를 찾는 손님을 앞혀놓고 물건을 구해 오니 손님이 가버리고 없는 게 아닌가. 그 후로도 이런 일은 빈번히 생겼다. 그렇다면 손님이 기다리는 동안 말벗을 해줄 직원이 필요한데 직원을 구할 형편은 안 되니 어떻게 해야 하나 고민이 되었다. 그러던 중 아이디어 하나가 번뜩 떠올랐다. 그 시절에는 전화기가 흔하지 않았다. 동네에서 전화가 있는 곳은 이장이나 봉상 집 아니면 구멍가게 정도가 전부였고 동대문 시장도 마찬가지였다.

마침 우리 점포 옆 구멍가게에 전화기가 있었다. 가게 어르신도 점원이 없었기 때문에 전화 받으랴 물건 팔랴

종일 바빴다. 게다가 근처 가게 주인을 찾거나 용무가 있는 사람들의 전화까지 모두 어르신이 받고 있었다. 그래서 나는 어르신께 한 가지 제안을 드렸다.

"어르신, 전화 받느라 손님 놓치시겠어요. 제가 가게 전화를 받아드릴게요."

"아이고 청년이 해준다면 나야 고맙지."

그때부터 구멍가게의 전화기를 우리 가게로 옮겨놓았다. 텅 빈 가게에서 물건을 기다리는 손님을 붙들어 놓기 위한 내 나름의 묘안이었다. 기다리는 손님에게 책임을 부여한 것이다.

"손님, 제가 공장 갔다 올 동안 전화가 오면 꼭 좀 받아주세요."

당시는 이런 부탁을 하면 손님들이 전화를 받아주겠다는 약속을 지키기 위해서라도 자리를 떠나지 않았다. 덕분에 나는 손님에게 잘 맞는 옷을 구해 올 시간을 벌 수 있었다. 다양한 구색을 갖춘 몇 군데 양복점을 다니면서 적당한 물건을 골라놓은 후 손님에게 전화했다. 내가 옷의 색상과 패턴 등을 상세히 설명하면 손님도 구체적으로 자신의 취향을 말해주었기에 나는 그에 딱 맞는 옷만 골라서 가져갈 수 있었다. 일종의 맞춤 서비스와 같았던 나의 영업은 손님들에게 아주 좋은 반응을 얻었다.

  그렇게 나는 물건도 없이 장사를 할 수 있었다. 텅 비어 있는 가게가 신기해서 들어온 손님과도 대화를 하다 보니 금세 친해져서 인생살이 이야기로 이어졌는데 그러다 보면 필요한 물건 이야기도 나오기 마련이다. 그러면 나는 그 기회를 놓치지 않고 물건을 구해 왔다. 진심으로 손님을 대하자 점차 단골이 늘었다. 그리고 그 손님이 다른 사람에게 우리 가게를 추천하고 알리니, 안정적으로 장사를 이어갈 수 있었다. 이런 식의 영업이 가능했던 이유는 당시의 상품 공급과 수요의 비율상 공급은 적고 소비는 많았던 덕분이기도 하다. 필요한 물건은 많은데 어디 가서 뭘 사야 할지 모를 때였다.

'없습니다, 모릅니다, 안 됩니다'
블랙야크에 없는 세 가지

  동진사의 초창기 영업 전략은 시장, 소비자, 상품이 없는, 이른바 '3무 경영'이었다. 이는 청년 사업가였던 나에게 사업에 대한 남다른 신념을 갖게 해주었고, 훗날 블랙야크 창조 경영의 근간이 되어주었다. 그때 이미 오늘날의 플랫폼 경영을 동대문에서 몸소 체험한 셈이다. 기성복 판매를 거쳐 등산장비업으로의 진출도 3무 경영에서 얻은 자신감에서 비롯된 것이다.

  나는 창업 후 처음에는 기성복을 팔았지만 시간이 지나면서 애초에 하고 싶었던 등산장비업으로 눈을 돌렸다. 하지만 당시는 보릿고개로 당장 끼니를 걱정하면서 나물 캐러 산에 다니던 시절이었으니 오늘날처럼 레저로서의 등산 개념이 전무했다. 게다가 산에 다니면 백수 취급 당하기 일쑤였고 수입 등산장비는 사치품으로 분류되어 높은 관세 부과의 대상이었다. 무엇보다 가격과 품질이 좋은 국산 등산장비는 아예 없었다.

  이렇게 시장이 없고 상품이 없으니 고객이 있을 리 만무했다. 하지만 이러한 악조건 속에서 이른바 블루오션의 가능성을 봤고, 이를 실현시키기 위해 '없습니다, 모릅니다, 안 됩니다'라는 말을 하지 않는 '3불(不) 전략'으로 등산장비 업계에 발을 들였다. 내 가게에 없는 물건이면 동대문과 남대문 일대 다른 장비점을 동원해서라도 어떻게든 물건을 구해주었다. 절대 "손님, 그 물건은 저희 가게에 없습니다"라는 말을 하지 않았다. 내 가게에 온 손님이 찾는 물건이 나한테 없다면 시장을 다 뒤져서라도 찾아주겠다는 성의 없이는 단골을 만들 수 없다고 생각했다.

지금도 신입 직원들이 입사하면 '3무 3불' 정신을 가장 먼저 강조한다. 이는 BYN블랙야크그룹의 창업 정신이자 긴 세월 블랙야크를 굳건히 지켜온 도전과 창조 정신의 근간이다. 이 정신은 매장 직원부터 R&D 담당자에 이르기까지 모든 직원의 업무 태도와 정신에 깃들어, 맡은 바 업무의 추진력과 창의적 발상의 밑거름이 되고 있다. 매장 직원이라면 길을 물으러 들어오는 고객에게도 친절하게 알려주어야 하고, 고객지원 담당자라면 고객이 '그렇게까지는 안 해주셔도 된다'라고 할 정도로 최선을 다해야 한다.

내가 3불 정신을 유난히 강조하는 이유가 있다. '없다, 모른다, 안 된다'라는 말을 쉽게 하는 사람은 부정적인 마인드가 강하고, 자신이 알고 있는 것도 '모른다'라고 말할 정도로 배타적이기 때문이다. 하지만 이런 소극적인 정신으로는 결코 새로운 것을 창조할 수 없을뿐더러 어느 시점부터는 성장도 멈추고 만다. 기업도 성장이 멈추면 도태되고 순식간에 사라진다. 하루가 다르게 변화하는 경영 환경과 국제 정세 속에서 창조 경영 없이는 살아남을 수 없는데 이를 위해서는 3무 3불 정신이 필수다.

3무 경영을 실현할 또 다른 도전

'아무도 주목하지 않는 시장에서 기존에 없던 제품을 판다.'

이러한 창조 경영이 지속 가능하기 위해서는 지금 당장은 안 팔리더라도 필요한 걸 찾아서 만드는 시도를 해야 한다. 블랙야크는 이러한 3무 3불 정신을 이어나가기 위해 다양한 도전을 해오고 있다. 2011년에 출시한 듀오백 배낭은 기능성 의자 전문업체인 듀오백코리아와 MOU를 맺고 새롭게 개발한 제품으로, 기존에 없던 제품을 개발하기 위해 타 업계의 기술력을 적용하는 참신한 시도였다. 배낭의 착용감과 허리 밀착감을 높이기 위한 연구를 하던 중 듀오백 등판을 결합하자는 아이디어에서 시작된 제품이었다. 그런데 등판의 밀착성과 무게 등 여러 가지 문제점이 판매 부진으로 이어지면서 아쉬움을 남겼다. 하지만 혁신을 위해서라면 다양한 협업을 시도해 볼 수 있다는 소중한 경험을 얻었다.

2015년에는 국내 최초로 스마트웨어 '야크온P(Pulse)'를 출시했다. 운동 시 심전도 측정을 통해 심박수를 실시간으로 모니터링할 수 있는 기능을 갖춘 운동복이다. 야크온P는 스마트웨어 시장이 형성되어 있지 않은 시기에 출시한 혁신적인 제품으로 큰 주목을 받았다. 하지만 시장의 규모가 작고 소비자들의 인식이 제대로 형성되지 않은 너무 이른 시기에 출시한 제품이어서 기대만큼의 성과를 거두지 못했다. 하지만 이러한 혁신적인 제품 개발의 경험은 블랙야크 제품을 지속적으로 개선하는 원동력이 되어주고 있다. 무엇보다 멈추지 않는 창의적 시도는 제품뿐 아니라 새로운 사업의 기회를 모색하는 전략적 전환에도 큰 도움을 주었다. 일례로 2025년 우리는 또 한 번의 도전을 감행했다. 워크웨어를 신성장 동력으로 삼기 위해 안전 장비 자회사인 블랙야크I&C를 상장시킨 것이다. 최고의 기능성 아웃도어 장비를 생산해 온 우리의 경험과 기술을 바탕으로 산업안전 분야에서 새로운 혁신 기업으로 키워나갈 것이다.

현재 국내 워크웨어 시장은 연간 약 1조 원 규모다. 하지만 뚜렷한 선도업체가 없다는 점에서 아무도 주목하지 않는 시장이며 제품도 많지 않기에 고객도 적다. 하지만 중대재해처벌법 시행 확대 등 관련 정책이 구체화되면 시장 규모는 꾸준히 커질 것이다. 지금 당장은 시장이 없는 것 같지만, 국민소득이 올라갈수록 건설업을 비롯한 주요 산업에서 안전 관련 법이 강화될 수밖에 없다. 동진이 등산장비와 의류 시장이 없던 시기에 사업에 뛰어들었듯이 블랙야크I&C도 마찬가지다. 게다가 지금은 생명을 지키는 등산복을 만드는 기술과 노하우를 갖고 있기에 우리는 시장의 선점과 지배를 동시에 노려볼 수 있다.

이는 일종의 나무 접붙이기와 같은 원리다. 접붙이기는 개체가 다른 두 식물을 서로 조직적으로 연결해서 생장을 돕는 것이다. 예를 들어 추위와 병충해에 강한 탱자나무에 귤나무를 접목하면, 나무가 강해져서 더 잘 자라고 추운 지역에서도 안정적으로 열매를 맺을 수 있다. 기업도 마찬가지다. 시장을 견인할 기술력과 노하우를 새로운 시장에 접목하면 없는 고객도 창출할 수 있다. 이것이 바로 블랙야크만의 창의적 돌파력이다.

오늘날은 '남들이 가지 않은 길'을 간다는 사실 자체가 중요하지 않다. 3무의 상황을 절호의 기회로 만들기 위해서는 반드시 3불 정신을 겸비해야 한다. '안 된다, 모른다'는 말을 습관처럼 하는 사람이 어떻게 창의적 발상을 하고 실패에서 새로운 기회를 발견할 수 있겠는가.

우리 회사에서 '없습니다, 모릅니다, 안 됩니다'를 쓰지 않듯이 유니클로에서는 '생각해 보겠습니다, 노력하겠습니다'라는 말이 금기어라고 한다. '~하겠다'는 말에는 강한 소신이 담겨 있지 않고, 당장 실천할 의지도 보이지 않기 때문이다. 이런 안이한 태도로는 점점 더 까다로워지는 고객의 기대를 만족시킬 수 없으며, 나아가 매출도 만들어낼 수 없다. 매출은 만들어지는 것이 아니라 '만들어가는 것'이다. 그러므로 보다 능동적이고 가속 지향적인 미인드를 갖고 적극적으로 실천하며 주도적으로 일을 끌고 가야 한다. 어느 분야든 도전을 결심한 이들이라면 스펙을 쌓는 것만큼이나 3무 3불의 정신이 중요함을 기억해 주길 바란다.

시장을 견인할 기술력과 노하우를
새로운 시장에 접목하면
없는 고객도 창출할 수 있다.
이것이 바로 블랙야크만의
창의적 돌파력이다.

세상은
문밖에 있다

2018년 초, 독일 출장을 마치고 서울로 오는 비행기 안이었다. 책을 읽다가 한동안 눈을 감고 깊은 생각에 잠겼다. 유럽 진출을 결심하고 세계 최대 스포츠용품 박람회인 ISPO에 참가한 지도 6년이 지난 시점이었다. 다행히도 우리 제품은 기술력을 인정받아 연속으로 ISPO 어워드를 받는 영예를 안았다. 하지만 문득 전시 부스에서 떠올린 도전적이고 발전적인 생각이 실제 업무로 이어지고 있는가 하는 반문이 들었다. 또한 지금의 도전이 회사 경영에 부담을 주는 것은 아닌지 경계심마저 들었다.

유럽 진출 후 연구개발에 투자하며 의욕적으로 나섰지만, 매출 성장세는 기대와 달랐다. 호기롭게 시작한 사업에 자금은 계속 투입되었으나, 기대만큼의 성과가 나오지 않자 직원들의 사기도 떨어진 상태였다. 그때는 '내 생각이 잘못된 걸까? 국내 시장만 공략하면 쉽게 돈 벌 수 있는데 굳이 이렇게까지 해야 할까?' 하는 생각마저 들었다. 하지만 그동안 블랙야크가 걸어온 길을 복기하면서 다시 마음을 고쳐먹었다. 지금 이렇게 밭을 갈고 씨를 뿌려놓아 싹을 틔우지 않으면 해외 사업의 꽃봉오리는 영영 맺지 못할 것을 잘 알기에 현실에 안주할 수는 없었다.

당시에는 유명 외국 브랜드들이 모두 블랙야크를 거쳐 갔다. 내가 마음만 먹으면 수입해서 팔 수 있는 상황이었다. 한 브랜드는 창업주 외손자가 나를 찾아와서 수입해달라고 요청하기도 했는데 만약 내가 당장의 매출 성과를 중시하는 경영을 해왔다면 당연히 놓쳐서는 안 될 절호의 기회였다.

하지만 나는 거절했다. 블랙야크를 세상에 내놓았을 때의 마음가짐을 잃어버리는 순간 더 큰 것을 잃을 수 있다고 판단했기 때문이다. 블랙야크를 아웃도어 본고장에서도 인정받는 글로벌 브랜드로 키우는 것은 지속 가능한 성장을 위한 최선의 전략일 뿐 아니라 흔들리지 않는 나의 경영 신념이자 꿈이기도 했다.

미래를 예측하는 가장 손쉬운 방법

글로벌 아웃도어 브랜드를 만들어야겠다는 나의 생각은 1988년 서울올림픽 때 확고해졌다. 당시 우리나라의 1인당 GDP가 4500달러 정도여서 올림픽을 개최하면 나라가 위태로워진다는 우려의 목소리도 높았다. 하지만 올림픽은 성공리에 개최되었다. 국가적·경제적으로도 큰 성과를 거두면서 온 나라가 스포츠와 올림픽 성공에 들떠 있었다. 그런데 아이러니하게도 스포츠 산업은 거의 고사 상태에 이르렀다.

이는 올림픽 개최국 중 우리나라만의 기현상이었다. 1964년 도쿄올림픽 개최 후 미즈노가 떴고, 1984년 LA 올림픽 때는 나이키가 기사회생했으며, 1972년 뮌헨올림픽 때는 아디다스가 세계적인 브랜드로 각광받았다. 반면에 서울올림픽 이후 우리나라에서는 그 어떤 스포츠 브랜드도 부상하지 못했다. 경쟁력 있는 브랜드가 없었기 때문이다. 물론 올림픽 무렵 우리나라의 스포츠 산업도 많은 지원을 받았다. 하지만 올림픽의 열기가 사그라들자 더 이상 시장은 반응하지 않았다. 우리나라 GDP 수준상 좋은 품질의 고가 물건은 만들어놔도 살 소비자가 없기도 했다. 1000원짜리 물건을 살 소비자밖에 없는데 1만 원짜리 물건을 만들면 뭐 하겠는가.

그렇다고 해서 스포츠 업체들이 해외 시장으로 나가는 것은 엄두도 낼 수 없었다. 일본에 진출하려면 미즈노를 이겨야 하고, 미국에 가려면 나이키를 이겨야 하고, 유럽에 가려면 아디다스를 이겨야 했다. 이럴 수도 저럴 수도 없으니 망할 수밖에 없었다. 물론 그때도 테니스 라켓 브랜드 '에스콰이어'와 '한일라켓', 테니스공 브랜드 '낫소' 등 국내 스포츠 브랜드가 명맥을 유지하고 있었다. 하지만 국내 시장이 좁았고 해외로 나가자니 브랜드 인식의 벽은 너무 높아서 결국 대부분 사라지고 말았다.

그때 이후 나는 브랜드의 중요성을 절감했고, 선진문화에 맞는 품질과 가격으로 해외 시장을 개척해야겠다고 마음먹었다. 물론 가만히 기회가 오기만을 기다리지 않았다. 선점하면 시장을 지배할 수 있다는 신념을 구체적으로 실천해 나갔다. 1995년 블랙야크 브랜드 출시와 함께 중국과 일본, 유럽 등지에 상표 등록을 추진하며 글로벌 브랜드의 초석을 다졌다.

이는 내가 미래를 예측하는 방법이기도 하다. 가장 확실한 미래 예측 방법은 직접 해보는 것이다. 경영자라면 누구나 기업의 현재뿐 아니라 미래를 고민하겠지만, 내가 미래를 예측하고 대응하는 방법은 '먼저 해보는 것'이다. 남들보다 한발 앞서 아이디어를 실행에 옮기고 실패를 통해 개선점도 빨리 찾을 수 있기에 시행착오를 거치더라도 결국에는 선점할 수 있다. 물론 그로 인한 리스크도 크다. 먼저 걸어간 길의 방향이 잘못되었다면 다시 원점으로 돌아와 출발해야 할 수도 있고, 그 과정에서 인적, 물적 손해도 클 수 있다. 하지만 조금 멀리 내다보면 남들보다 먼저 시도해서 실패도 먼저 하는 게 성공의 지름길이다. 시장을 먼저 점유한 기업은 기술 우위와 브랜드 충성도뿐 아니라 유통채널 확보 등을 통해 지속적인 경쟁 우위를 차지할 수 있다.

블랙야크, 문밖으로 나가다

"아웃도어라는 말 그대로 문밖으로 나가야 합니다."

2013년 창립 40주년 행사장에서 블랙야크만의 '야크 로드'를 선포하며 내가 한 말이다. 대한민국 토종 아웃도어 브랜드로 시작했지만, 이제는 '토종'이라는 수식어를 떼고 '글로벌' 브랜드로 거듭나기 위해 중국을 거치고 히말라야를 넘어 전 세계로 뻗어나가겠다는 포부와 각오를 밝혔다.

무엇보다 문 안의 공간은 너무 작다. 반면에 문밖에는 온 세상이 다 있다. 그러니 무한한 가능성의 세상으로 나아가기 위해서는 문밖으로 나가야 하지 않겠는가. 블랙야크가 또 한 번 비상하기 위해서는 중국 아시아권을 넘어 전 세계를 시장으로 보고 다시 뛰어야 할 시점이었다. 그때 나는 '글로벌 아니면 죽는다'는 각오로 세계 시장으로 나아갈 채비를 해나갔다.

이를 위해 2012년부터 유럽과 미국은 물론 북유럽과 러시아 등으로 해외 진출을 다변화할 계획을 밝혔다. 아울러 창립 39주년에는 국내 아웃도어 업계 최초로 국제

표준화기구 ISO9001(품질경영시스템), ISO14001(환경경영시스템) 인증을 동시에 획득하면서 기술력을 확보해 글로벌 브랜드로서의 초석을 마련해 나갔다.

이 무렵 대다수 국내 아웃도어 업체들은 브랜드 대중화에 집중하면서 트렌드에 민감한 제품 생산에 몰두했다. 그러다 보니 브랜드 정체성은 약화될 수밖에 없었다. 반면에 블랙야크는 '히말라얀 오리지널' 정신에 기반한 전문 산악인을 위한 등산 브랜드로서의 입지를 공고히 하는 데 주력했다. 그 결과 아웃도어 본연의 기술 개발과 친환경 소재 연구를 통해 세계 시장에서 통하는 혁신적 제품들을 만들 수 있게 되었다.

문밖의 세상으로 나아가기 위한 블랙야크의 집요한 수출 지향은 결국 생존을 위한 선택이다. 해외 유명 브랜드의 라이선스 수입 경쟁에 뛰어드는 대신 세계 무대에 내세울 브랜드의 경쟁력 확보에 매진하면서 끊임없이 도전하고 창의적인 길을 모색하고 있기 때문이다. 이러한 경영 정신은 직원들의 삶에도 긍정적인 영향을 미치고 있다고 자부한다.

'세상은 문밖에 있다.'

지금으로부터 10여 년 전 블랙야크의 광고 카피다. 글로벌 경영 의지를 다시 한번 다지기 위해 내가 지은 것이다. 문 안에서만 머물러서는 알 수 없는 것들이 너무 많다. 그만큼 꿈을 꿀 기회도 적다. 반면에 문밖의 세상은 무한한 가능성만큼이나 기회가 많고 동시에 위기가 상존한다. 그러니 문밖의 세상으로 나아가는 사람이라면 자신의 능력 이상을 발휘하기 위해 노력할 것이고 담대함도 가질 수 있을 것이다. 나는 우리 직원과 모든 젊은이가 블랙야크와 함께하면서 문밖의 세상을 꿈꾸고 도전하는 경험을 하길 바란다.

다르게 싸워라, 반드시 이긴다

**돌파
경영**

"몸 사리는 전략으로는 창의적인 경영뿐 아니라
지속적인 성장 자체가 불가능하다.
대리점을 줄이고 매입도 줄이고 신제품 구상도 안 하면서
이것도 저것도 다 줄이려고만 하면
어떻게 성장할 수 있겠는가.
공격적인 마인드로 덤벼야 공격하기 위한
새로운 아이디어가 나오는 법이다.
축구 경기에서도 수비형 전략으로는
절대 골을 넣을 수 없지 않나."

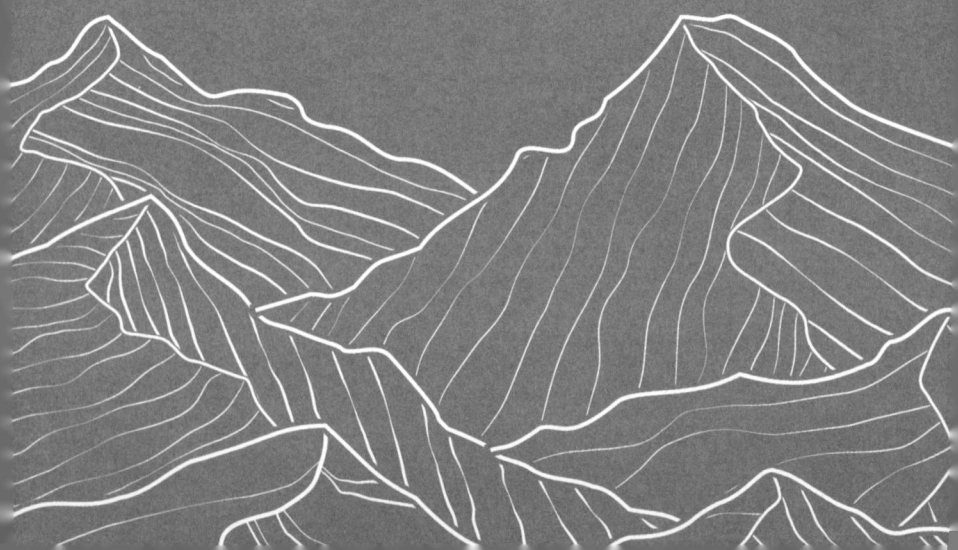

애초에 수비형이면
골을 넣을 수 없다

"동진레저가 하겠습니다."

"20일 만에 침낭 3만 2000개가 가능하다는 거죠?"

"네, 해보겠습니다."

1993년 8월, 현대자동차의 울산 공장에 전국 곳곳의 침낭 제작업체가 한자리에 모였다. 현대자동차가 소나타Ⅱ 출시 기념으로 사원들에게 증정할 침낭 제작사를 공개 입찰하는 자리였다. 하지만 다른 업체가 모두 포기해 동진레저만 단독으로 입찰에 응했다.

20일 만에 3만 개가 넘는 침낭을 제작해서 납품해야

하는 조건을 재차 확인한 업체 대표들은 모두 고개를 저었다. '아무도 해낼 수 없는 조건을 내걸고 해내라고 하느냐'는 볼멘소리를 하며 누구도 입찰에 응하지 않고 자리를 떠난 것이다. 불가능한 일을 맡았다가 납기일을 지키지 못하면 배상 청구 책임까지 져야 하고, 그동안 쌓아온 신용도 한순간에 무너질 게 뻔하기 때문이다.

나도 처음에는 입찰장을 빠져나가는 무리를 따랐다. 하지만 문 앞에서 발걸음을 멈추었다. 당시 동진레저는 1991년 취사 및 야영 금지 조치가 발동된 이후, 한 달은 고사하고 당장 내일의 생존도 확신할 수 없을 정도로 심각한 자금난에 시달리고 있었다. 동서남북 어디를 둘러봐도 길이 보이지 않던 암담한 시기에 현대차의 대량 납품 건은 절대 놓칠 수 없는 기회였다. 나는 뒤돌아서서 성큼성큼 다시 걸어 들어가서는 복지과장에게 해보겠다는 의사를 밝혔다. 동진레저 단독으로 침낭 3만 2000개 제작 납품에 응찰한 것이다.

"그런데 조건이 하나 있습니다."

"조건이요?"

"대금의 50퍼센트를 선급금으로 주십시오."

현대자동차에서 선급금을 줄 리가 만무하다는 걸 알면서도 단독 입찰이기에 과감하게 제안했다. 그런데 놀랍게도 긍정적인 답변을 들었다. 당시 복지과장은 부산으로 발령을 받은 상태로 침낭 납품 건이 마지막 업무였기에 어떻게든 잘 마무리한 후 부산으로 가야만 했다. 그는 자신의 아파트를 팔아 받은 계약금을 나에게 선급금으로 건네줬다. 이번 납품 건은 나에게도 그에게도 너무나 간절했던 것이다.

선택의 기로에서는 자신만 믿어라

선급금 약속까지 받고 서울로 향하는데 눈앞이 캄캄했다. 날짜가 촉박하여 원단을 확보하고 제작 발주하는 일이 쉽지 않을 게 뻔했다. 게다가 직원들도 설득해야만 했다. 동진레저의 연간 총생산량이 약 1만 개밖에 안 되는 상황이었으니 20일 만에 3만 개가 넘는 침낭을 만드는 일은 불가능에 가까웠다.

"저도 무모한 도전이라고 생각합니다. 하지만 지금 이

기회를 포기하면 내년 이맘때 우리 동진은 없을 수도 있습니다. 추운 겨울밤 산에서 살아남기 위해서는 새벽이 올 때까지 깨어 있어야 합니다. 앉아서 잠이 들겠습니까? 깨어서 새벽을 맞이하겠습니까?"

이내 직원들의 웅성거림이 잦아들었다. 한번 결심하면 잘 물러서지 않는 나의 의지가 전해진 것인지 직원들의 표정에도 변화가 생겼다. 너 나 할 거 없이 동진을 살리기 위한 마지막 도전에 응하겠다는 눈빛을 보이기 시작한 것이다. 바로 원단 가게와 공장을 물색하는 데 총력을 기울였다. 그렇게 정신없이 주말을 보내고 다음 날 출근했는데 업무를 시작하자마자 전화벨이 울렸다. 복지과장의 전화였다.

"사장님, 준비는 잘되고 있습니까?"
"그럼요, 잘되고 있지요. 원단도 거의 다 발주했습니다."
"아… 네. 오늘 제가 서울로 올라가려고 합니다."

전화를 끊은 후 내내 찜찜한 기분을 떨칠 수가 없었다. 계약하고 온 지 얼마 되지도 않았고, 바로 연휴가 시작되는 바람에 이렇다 할 진행이 없었으니 당연히 보여줄 샘플도 없는 상황이었다. '도대체 무슨 일로 올라온다는 걸까?' 갖은 의구심이 들었지만 일단 급한 불부터 꺼야 했다. 여기저기 업체들에 연락해 현대차의 복지과장이 찾아가거나 전화하면 '원단 사입이 다 끝났다'고 말해달라고 부탁했다. 아니나 다를까 복지과장은 비행기까지 타고 와서는 동대문종합시장 일대 원단 가게를 일일이 방문했고, 우리가 원단을 다 사들였다는 사실도 확인했다.

그는 하루 종일 시장과 업체를 돌아다니다 저녁 무렵에야 우리 회사로 왔다. 그러고는 대뜸 현대차 사장님에게 전화해서는 진행 상황을 보고했다.

"사장님, 제가 와서 확인해 보니까 85퍼센트 정도 준비가 됐습니다. 취소하기는 어려울 것 같습니다."

복지과장이 상경한 이유는 진행 상황을 확인하려고 온 게 아니라 계약을 취소하기 위함이었다. 계약이 진행되던 무렵 해외 출장을 다녀온 현대자동차 회장님이 사장님의 보고를 받고 버럭 화를 낸 것이다. 당시 현대그룹 계열사에서는 1993년 6월부터 8월까지 무더기 쟁의 사태가 벌어졌는데 현대자동차에서도 조업 중단으로 인한 생산 차질이 빚어지고 있었다. 이런 와중에 회사에서 직원들에게 침낭까지 지원해 줄 필요가 있느냐는 의미였다.

회장님의 의중을 파악한 복지과장은 일단 서울로 와서 일의 진척 사항을 확인한 후 해지 통보하자는 의견을 내서 부랴부랴 비행기를 타고 서울까지 온 것이다. 그런데 막상 와서 조사해 보니 일이 생각보다 많이 진행되어 있어서 무작정 취소할 수는 없었다. 만약 그때 내가 원단 가게에 전화를 해놓지 않았다면 그 자리에서 무산될 뻔했다. 지금 생각해도 아찔한 상황이었다.

서울에서 이런 일이 있는 사이 울산에서는 침낭 지급을 취소하라는 회장님의 지시가 노조위원장 귀에 들어갔다. 그들로서는 직원과의 약속을 저버린 사 측의 결정에 반발할 수밖에 없었으리라. 게다가 울산 공장 직원들은 대부분 회사가 제공하는 독신자 아파트에서 생활했다. 전국에서 몰려든 젊은 남자 직원들에게는 이불 대용으로 쓸 침낭이 절실했기에 직원들은 다시 동요하기 시작했고 시위에 나섰다. 우리에게는 치명적인 상황이었다.

만약 시위가 지속되면 침낭을 만들어놓고 납품하지 못하는 참극이 벌어질 수도 있는 상황이었다. 천만다행으로 사 측에서는 이 문제가 노사 갈등의 불씨가 되면 안 된다는 판단하에 소나타Ⅱ 출시 기념품은 다른 상품으로 대체

하고 침낭은 추석 선물로 주기로 했다. 이로써 납품 기일도 자연스럽게 추석에 맞춰서 2주가량 미뤄지게 되었다. 물론 그 기간 안에 해내는 것도 버거웠다. 하지만 단 1퍼센트의 가능성만 보여도 도전해야 하는 상황이었기에 전국의 업체를 총동원해서라도 해내야만 했다.

나는 그 즉시 서울, 성남, 부산 등지에서 침낭을 제조할 수 있는 업체를 모조리 찾아내 일을 의뢰했다. 매일 공장을 돌면서 제조 현황을 파악하고 밤샘과 휴일 작업을 강행했지만 피곤한 줄도 몰랐다. 성남의 공장에서 기본 봉제를 한 뒤 부산의 공장으로 보내 마무리하는 등 가능한 모든 방법을 동원했다. 하루하루가 전쟁이었다.

기적은 도전하는 자에게만 곁을 준다

그러던 어느 날 또 한 번의 날벼락을 맞았다. 회사와 노조 집행부가 합의한 사원 증정용 선물을 노조원들이 다시 문제 삼으며 시위에 나선 것이다. 나는 그 소식을 강원도 고성의 보이스카우트 행사장에서 들었고, 그길로 바로 택

시를 대절해서 울산으로 달려갔다. 울산 공장에 도착하자마자 시위 현장으로 가서 노조원들을 설득하기 시작했다.

"이번 시위로 침낭 선물이 무산되면 우리 회사는 문을 닫아야 합니다. 우리 회사에 딸린 직원들뿐 아니라 협력업체 직원들도 모두 길거리로 나앉아야 하고요. 제발 시위를 멈춰주십시오!"

다행히 나의 간절한 호소에 노조원들은 서서히 동요하기 시작했고 그날의 시위는 중단되었다. 나는 노조위원장에게 복지과장과 논의해서 회사 측에 다시 건의해 볼 테니 제발 시위만은 하지 말아 달라고 신신당부했다. 그러면서 회사 쪽에는 별도의 입장을 내달라고 건의했다. 이후 사 측에서는 소나타Ⅱ 출시 기념품은 다른 제품을 선정하되, 추석 선물이 아니라 직원들에게 침낭 교환권을 주고 순차적으로 우리 침낭을 구매하는 조건을 제시했다. 노조 집행부도 이에 합의했다는 소식을 들은 시위대는 완전히 해산했고, 사장님은 나를 불러 고마움을 전했다. 공급 건도 물심양면으로 도와줄 테니 잘 마무리해 달라는 부탁도 해왔다.

이로써 우리에게는 또 한 번의 기적 같은 일이 벌어졌

다. 정해진 기일에 모든 제품을 현대차로 납품할 필요가 없어진 것이다. 현대자동차 노조 측이 납품 대금을 몇 차례 나눠서 입금해 주면 우리도 순차적으로 침낭을 보내면 되는 조건으로 바뀌었다. 그렇게 9월부터 11월까지 지속적으로 납품했다. 그때는 청계천 고가다리 밑을 종로 매장의 전용 창고처럼 이용했다. 침낭이 도착하면 고가 다리 밑에 잔뜩 쌓아놓고는 대한통운 11톤 트럭이 오면 실어 보냈는데 전 직원이 자정이 넘어서야 퇴근할 수 있었다. 침낭을 한가득 싣고 울산 공장으로 향하는 마지막 트럭을 지켜보던 순간, 나는 직원들 몰래 눈물을 훔쳤다. 그렇게 전쟁과도 같았던 3만 2000개의 침낭 납품을 무사히 마무리한 날 밤, 나는 직원들과 함께 목이 터져라 건배를 외치며 맥주를 마셨다. 평생 잊지 못할 하루였다.

나는 그날의 경험으로 또 하나의 경영 신념을 갖게 되었다. 바로 기적은 도전하는 자에게만 곁을 주고, 각고의 준비와 노력을 통해 경험할 수 있다는 사실이다. 그래서 나는 기적을 '정신력'이라고 말한다. 불가사의한 힘의 현상이 아니라 간절한 마음으로 최선을 다한 끝에 도달할 수 있는 경지라고 믿게 되었기 때문이다.

만약 그때 내가 다른 업체 사장님들처럼 지레 겁먹고 포기했다면 오늘날의 블랙야크는 존재하지 않을지도 모른다. 그날의 과감한 도전과 직원들의 피땀 어린 노력 덕분에 동진레저는 1993년 19억 원에 육박하는 사상 초유의 매출을 올릴 수 있었다. 이는 전년 대비 무려 47퍼센트 상승한 것이며, 영업이익은 그보다 많은 62퍼센트나 상승한 놀라운 성과였다.

포기하고 싶은 순간, 스스로에게 물어라

"이봐, 해봤어?"

그날 모두가 고개를 저으며 돌아서서 나갈 때 내가 발걸음을 돌린 것은 현대그룹 정주영 회장님의 이 말이 번뜩 떠올랐기 때문이다. 직원들 월급 주기도 힘든 절박한 상황에서 배수진을 치는 심정으로 울산까지 왔는데 해보지도 않고 포기하다니…. 그럴 수는 없지 않은가. 그때 내 머릿속에 떠오른 '해봤어?'라는 말은 '하면 된다'보다 더 큰 동기부여가 되어주었다. 이 강렬한 물음은 지금도 도전과 응전의 순간마다 내 안의 야성을 일깨운다.

평소 나의 경영 스타일도 수비형이 아니다. 어려운 상황일수록 버티려고만 하지 않고 어떻게 치고 나갈지 고민하면서 기습 공격 해왔다. 상대의 공격이 강해질수록 막으려고만 하면 결국에는 수세에 몰려서 공격 기회를 잡을 수 없기 때문이다. 몸 사리는 전략으로는 창의적인 경영뿐 아니라 지속적인 성장 자체가 불가능하다. 대리점을 줄이고 매입도 줄이고 신제품 구상도 안 하면서 이것도 저것도 다 줄이려고만 하면 어떻게 성장할 수 있겠는가. 공격적인 마인드로 덤벼야 공격하기 위한 새로운 아이디어가 나오는 법이다. 축구 경기에서도 수비형 전략으로는 절대 골을 넣을 수 없지 않나.

그래서 경영자는 바닥에 떨어지면 다시 튀어 오르는 공처럼 어떤 시련에도 굴하지 않는 강한 내면의 힘으로 적극적으로 행동해야 한다. 일말의 가능성이 보이지 않을 때도 과감히 도전해야 하며 무엇보다 실패가 두려워서 포기해서는 안 된다. 인생살이도 똑같다. 바닥에 떨어지면 산산이 깨지는 유리공이 아닌 다시 올라오는 고무공 같은 삶을 살아야 한다. 공이 튀어 올라야 토스라도 한 번 더

할 수 있지 않겠는가. 그러니 시련이 닥치면 주저앉지 말고 어떤 생각이라도 해서 행동으로 옮겨야 할 것이다. 그래야만 다음이 있다.

걸림돌과 디딤돌의
쓸모

살다 보면 발을 헛디디거나 작은 돌부리에 걸려 넘어지는 일이 부지기수다. 그렇게 느닷없이 고꾸라지면 극복하려는 마음보다는 낙담과 절망감이 앞서 툴툴 털고 일어나기가 쉽지 않다. 하지만 넘어졌다고 해서 모든 걸 잃는 것은 아니다. 다시 일어나지 못할 시련도 없다. 다만 마음을 추스르고 심기일전하기 위해서는 '넘어졌다'는 사실을 빨리 인정하고 그다음 할 일만 생각해야 한다. 넘어진 채 주저앉아서 온갖 부정적 의미를 부여하거나 남 탓 세상 탓만 하면 다시 일어날 힘마저 잃게 된다.

무엇보다 인생의 연륜이 쌓이면 세상만사가 새옹지마임을 알게 된다. 사업도 그렇다. 새로운 브랜드를 만들 때는 그것이 향후 경영에 든든한 밑천이 될 거라고 기대한다. 그런데 막상 만들고 보면 투자한 개발 비용에 비해 시장 반응이 신통치 않은 경우가 허다하다. 이런 때는 도리어 경영의 리스크가 되고 만다. 호기롭게 해외 시장에 진출했다가 투자금도 회수하지 못하는 경우도 마찬가지다.

이처럼 기대를 저버리는 결과는 늘 있기 마련이다. 반대로 예기치 못한 시련이나 어려움이 훗날 새로운 기회가 되어주거나 조직의 혁신에 긍정적 영향을 미치기도 한다. 죽음의 계곡에 이르면 강한 생존본능이 살아나 전에 없던 빠른 적응력과 추진력을 발휘하기 때문이다.

디딤돌과 걸림돌은 동전의 양면과 같다

산에 오를 때도 수많은 돌을 딛고 오른다. 모양과 크기가 제각각이지만 내가 잘 밟고 올라서면 모두 다 디딤돌이기에 산에는 디딤돌과 걸림돌이 따로 있지 않다. 우리 삶에서도 믿어 의심치 않았던 사람에게 배신을 당하기도 하고, 분명히 이번에는 잘될 거라고 믿었던 일이 물거품이 되기도 한다. 반대로 분명 걸림돌이라고 생각했는데 정신을 똑바로 차려 다시 들여다보면 어느 순간 디딤돌이 되어주기도 한다.

그러므로 걸림돌과 디딤돌은 그것을 바라보고 이용하는 사람의 마음과 태도에 따라 그 쓸모가 달라진다. 이는 생각의 관점에 관한 이야기다. 지금 내 앞에 닥친 일이 좋아 보여도 한편으로 어떤 함의가 있는지 살펴보며 경계해야 하고, 부정적인 상황이 벌어졌다면 조금이라도 개선할 방법을 찾는 데 몰두해야 한다는 의미다.

이러한 사고방식을 습관화하려면 평소에 관찰력을 키워야 한다. 뭐든 대충 보고 그냥 넘기는 사람은 시야가 좁아서 어려움에 부닥치면 다른 생각을 할 겨를이 없고 쉽게 포기한다. 하지만 세상을 다양한 관점으로 바라보고 생각하는 습관을 지닌 사람은 악조건 속에서도 생각의 관점을 바꿔서 해결 방안을 찾으려고 애쓴다. 사고의 차원이 달라지면서 성장하는 것이다.

일례로 고객에게 컴플레인을 받으면 피하거나 귀찮아

하는 직원이 있다. 심지어 "어느 지점에서 샀어요? 우리 지점 아니죠?"라며 어처구니없는 대응을 해서 고객을 영영 잃고 만다. 반면에 컴플레인을 받으면 능동적으로 대처하면서 손님을 안심시키고 브랜드에 대한 신뢰를 공고히 하는 직원이 있다. 심지어 매장을 찾은 컴플레인 고객에게 또 다른 상품을 파는 직원도 있다.

이들의 차이는 무엇일까? 영업을 단지 '물건을 파는 행위'로 국한시킨 직원은 고객의 컴플레인을 받으면 귀찮은 기색을 숨기지 못한다. 제품에 하자가 있어서 손수 제품을 들고 찾아온 고객을 그런 태도로 대한다면 그 고객의 마음은 영영 되돌릴 수 없다. 반면에 후자는 영업을 '고객 서비스' 관점으로 확장해서 고객의 불편을 해결해 주고 신뢰를 회복하는 데 최선을 다해야 한다고 생각하기에 능동적으로 대처할 확률이 높다. 고객의 마음까지 헤아리며 최선을 다해 응대하기 때문에 고객의 화난 마음도 금세 풀어진다.

이 과정에서 고객은 직원이 자신의 제품을 AS 접수하는 동안 매장을 둘러볼 여유도 생겨서 그때부터는 우리 매장을 찾아온 새로운 손님이 된다. 그는 이미 우리 브랜드에 관심이 많고 체험한 경험도 있다. 이런 손님에게 물건을 더 파는 게 쉬울까? 지나가는 사람에게 호객 행위를 해서 물건을 파는 게 쉬울까? 당연히 전자가 쉽다. 제품에 불만을 품고 매장을 찾아온 고객에게 신제품을 팔 수 있는 절호의 기회가 되는 것이다. 걸림돌이 디딤돌로 바뀌는 순간이다.

어떤 상황에서든 '안 돼'라고 하면 더 이상 생각의 진전이 일어나지 않는다. 하지만 힘든 상황에서도 미래지향적이고 긍정적인 관점으로 사안을 바라보면 '어떻게, 언제까지, 누구와 함께' 등 구체적인 프로세스가 펼쳐지고 생각을 발전시켜 나가게 된다. 고민하면 정신이 맑아지고 생각이 열리면서 시야가 확장된다. 물론 긍정적인 사고만이 능사는 아니다. 막연히 잘되리라고 믿는 것만으로는 원하는 결과를 얻을 수 없다. 하지만 어떤 문제든 해결해보겠다는 의지를 갖고 긍정적으로 바라보면 또 다른 기회를 엿볼 수 있으며, 그 과정에서 삶의 영역도 넓어지기 마련이다. 이런 사고의 과정을 거듭하다 보면 남들과 다르게 싸우는 법도 익히게 된다.

베트남전쟁 영웅 보응우옌잡 장군의
다르게 싸우는 법

'다르게 싸워라, 반드시 이긴다.'

내 집무실 한쪽 벽에 걸린 액자 속 글귀다. 이는 베트남전쟁 영웅인 보응우옌잡 장군의 어록이기도 하다. 나는 보응우옌잡 장군과 관련된 책을 여러 권 읽었으며 베트남을 방문했을 때는 그의 발자취를 좇아 탐방한 적도 있다. 보응우옌잡 장군은 우리나라의 이순신 장군 같은 인물이자 나폴레옹과 비견될 만한 위대한 영웅이다. 그가 1954년 프랑스를 상대로 벌인 디엔비엔푸 전투의 승리는 세계 전쟁사에 길이 남을 역사적인 사건이다.

정규 군사 교육을 받은 적 없는 보응우옌잡 장군은 미국, 중국, 프랑스 등 강대국의 군사력과 내로라하는 장군들을 상대로 모두 승전보를 올렸다. 그의 전술과 정신은 나의 삶과 경영에도 지대한 영향을 미쳤다. 특히 '3불(不) 전략'인 '적이 원하는 방식으로 싸우지 않고, 적이 원하는 장소에서 싸우지 않고, 적이 원하는 시기에 싸우지 않는다'는 나의 경영 전략과도 일맥상통한다. 이는 창업 초기에 인적·물적 자원이 절대적으로 부족한 상황에서 아주 중요한 전략이다.

보응우옌잡 장군은 디엔비엔푸 전투에서 '3불 전략'으로 아무도 예상치 못한 승리를 거뒀다. 당시 장기 소모전에 지친 프랑스군은 베트남군을 유인해 격멸하려는 전략을 세우고 라오스와의 국경 부근에 위치한 디엔비엔푸를 전장으로 선택했다. 이 골짜기에 8개 대대의 프랑스군이 집결했고, 초반에는 우세한 화력과 병력 및 물자를 통해 주도권을 장악했다.

하지만 보응우옌잡 장군은 프랑스군의 계략에 말려들지 않았다. 3개월에 걸쳐 땅굴을 파서 대포를 1000미터 높이의 무엉타인 산꼭대기까지 끌어 올려 참호에 은폐시켰다. 이곳에서 프랑스군을 내려다보면서 그들의 허를 찌른 것이다. 그는 이 대포를 이용해 프랑스 군용기의 공항 활주로를 파괴함으로써 군수품 공수를 차단시켰다. 이때부터 전세는 역전되었는데 프랑스군이 상상도 하지 못한 전법이었다. 즉, '적이 원하는 시간·장소·방법으로 싸우지 않는 전략'이 적중한 것이다.

난공불락의 경쟁업체들과 싸워 살아남기 위해서도 보

응우옌잡 장군의 '3불 전략'처럼 다르게 싸우는 법이 중요하다. 병력과 전력이 약하다는 것을 걸림돌로만 여겨 낙담했다면 그 전투는 프랑스군의 계략과 야심에 말려들어 패배했을 것이다. 하지만 보응우옌잡 장군은 부족한 병력을 디딤돌로 삼을 차별화 전략을 만들어냈다. 그는 모든 전쟁에서 다르게 싸웠고, 반드시 이겼다.

이처럼 무슨 일이든 바라보는 관점에 따라 결과는 얼마든지 달라질 수 있다. '없습니다, 모릅니다, 안 됩니다'를 쓰지 않는 블랙야크의 3불 정신도 보응우옌잡 장군처럼 다르게 싸우기 위한 철칙이다. 코로나 팬데믹 때의 일이다. 그때는 업종을 막론하고 모든 기업이 위축되어 있었다. 우리 회사도 예외가 아니었다. 다들 매출이 줄어들자 폐점만 강조했다. 누구도 도전적으로 신규 매장 오픈을 제안하지 않았다. 당장 눈앞에 보이는 시련에 압도당한 것이다. 하지만 내 눈에는 당시의 걸림돌이 디딤돌로 보였다. 탈코로나가 가시화되면 임대료도 올라가고 매장 수를 늘리기가 더 힘들어질 테니 오히려 지금이 신규 매장을 오픈할 적기라는 생각이 든 것이다. 공격적으로 사업을 확대할 절호의 기회였고, 그 결정은 적중했다. 코로

나 기간 중 오픈한 신규 매장은 훗날 블랙야크의 매출 증가에 큰 기여를 했다.

걸림돌을 가지고도 얼마든지 다르게 싸워서 이길 수 있다. 그래서 '매사 생각하기 나름'이라는 이 평범한 말은 아무리 강조해도 지나치지 않는다. 평소 긍정적인 생각으로 자신에게 불리한 조건조차 디딤돌이라고 생각하는 사람에게는 언젠가 그 걸림돌이 디딤돌 역할을 해줄 때가 온다. 반면에 매사 부정적으로 생각하는 사람에게는 온통 걸림돌만 보일 뿐이다. 이렇게 나를 둘러싼 부정적 상황을 모두 걸림돌이라고 생각하면 결국 내가 갈 길은 어디에도 없다. 그러니 혹 돌부리에 걸려 넘어지더라도 내가 디딤돌을 잘못 밟아서 넘어진 거라 생각하고 훌훌 털고 다시 일어나야 할 것이다.

세상에는 영원한 성공도, 영원한 실패도 없다.
그렇지만 끝내 성공하지 못하는 이들이 있는데,
바로 '포기'하는 사람이다.

팔릴 물건을
만들지 마라

1998년 중국 베이징에 세계 최초로 아웃도어 직영점을 오픈했다. 그로부터 14년 후 2012년에는 처음으로 전 세계에서 가장 규모가 큰 아웃도어박람회인 ISPO에 부스를 내기에 이르렀다. 아웃도어 본고장에서 블랙야크 옷을 입은 유럽 모델들이 K-POP에 맞춰 패션쇼를 하자 관람객의 박수가 쏟아졌다. 당연히 바이어들의 상담도 줄을 이었다. 지난 몇 년간 이 순간을 상상하며 박람회장을 참관하고 준비해 왔는데 실제로 내 눈앞에 실현되자 감개무량했다.

첫 번째 참가치고는 좋은 결과를 얻었다. 중국에 이어 아웃도어 종주국인 유럽에도 진출할 자신감을 얻게 되었다. 하지만 기쁨도 잠시, 본격적인 세일즈를 시작하자 어려움에 봉착했다. 호평받았던 디자인의 기능과의 연계점, 글로벌 스탠더드에 적합한 공급 시스템 부재 등이 문제점으로 불거졌다.

이를 극복하기 위해 스위스의 디자인 개발 회사에 용역을 맡겼다. 디자인과 기술 모두 현지화에 성공해야 승산이 있다고 판단했기 때문이다. 하지만 그 과정이 녹록지 않았다. 제품 개발도 어려웠을뿐더러 스위스 현지 직원들의 일 문화가 한국과는 너무나 달랐다. 마음 급한 우리 사정은 아랑곳하지 않고 휴가를 떠나는 현지 직원들을 보면서 나는 몇 번이나 사업을 접어야 하나 고민했다. 하지만 지금의 어려움을 견디지 못하고 그만두면 앞으로 유럽 진출을 영영 포기해야 한다는 점이 못내 마음에 걸렸다. 세계인에게 인정받는 글로벌 브랜드를 키우겠다는 의지로 눈을 질끈 감고 힘든 시간을 버텨냈다.

우여곡절 끝에 겨우 제품을 만들어 내놓으니 팔릴 기미가 보이지 않았다. 그야말로 진퇴양난의 상황이었다. 제품 자체의 품질은 경쟁력이 있었지만, 유럽 브랜드 수준을 넘을 정도는 아니다 보니 굳이 우리 제품을 선택할 이유가 없었던 것이다. 어렵게 만든 제품이 점점 재고로 쌓여가자 결단을 내려야만 했다. 패션 회사는 재고로 망한다. 재고로 인한 관리 비용 증가는 이익과 직결되기 때문이다. 이대로 가다가는 유럽 진출로 회사 전체에 위기가 닥칠 수도 있겠다는 판단이 들었다. 그때 나는 기존의 방식으로는 승산이 없겠다는 판단하에 파격적인 승부수를 던졌다.

고객이 아닌 내가 입을 옷을 만들자

'안 팔릴 물건을 만들자.'

유럽 진출 2년 차에 내가 내린 특단의 조치였다. 안 팔릴 물건을 만들면 재고가 없을 테니 적어도 망하지는 않을 것 아닌가. 나의 느닷없는 선언에 직원 모두가 아연실색했다. 어떻게 하면 잘 팔릴 물건을 만들 수 있을까를 골몰해도 시원찮을 판에 안 팔릴 물건을 만들자니 놀랄 만도 했다.

"안 팔릴 물건을 만들자고요? 그러면 우리는 망하는 거 아닌가요?"

"안 팔리는 대신 전 세계에 하나밖에 없는 아웃도어 옷을 만들자는 거지. 우리의 기술력을 집약시킨 특별한 제품 말이야."

팔리는 물건은 모두 다 비슷비슷하지만 안 팔리는 물건은 전 세계에 단 하나뿐일 것이다. 벼랑 끝에서 나온 이 전략은 '다르게 싸우자'는 경영 정신의 실천이었다. 그때부터 유럽 진출의 방향성은 새로 정립되었고 수많은 테스트와 각고의 연구개발 끝에 2013년 'B1XG1 재킷'으로 ISPO 어워드에서 첫 성과를 내며 아웃도어 본고장에서 큰 주목을 받았다. 수상 제품은 전시장 가장 앞쪽에 전시해 주기 때문에 모든 관람객이 한 번씩은 보게 됨에 따라 수십만 명에게 홍보하는 효과를 냈다. 아니나 다를까 외국 바이어들이 우리 제품을 보고는 주문하기 시작했고 안 팔릴 물건이 팔리는 기적이 일어났다. 이후에도 ISPO 어워드 수상은 이어졌으며, 2016년에는 무려 11관왕 달성의 영예를 안았다. 이는 ISPO 개최 이래 단일 브랜드로는 최대 수상 기록으로 남았다.

그때 유럽 진출에서 얻은 교훈은 '팔 물건이 아닌 내가 입을 옷을 만들어야 한다'는 블랙야크만의 정신으로 이어지고 있다. 내가 만족하면 고객도 만족하기 마련이다. 상품을 고객에게 팔 물건으로만 인식하면 최고의 제품이 나올 수 없다. 반면에 내가 입을 옷을 만든다는 마음가짐으로 고민하고 최선을 다한다면 합리적인 가격에 최고의 기술과 디자인이 적용된 옷을 만들 수 있다.

무슨 일이든 나를 위한 일이라는 마음가짐으로 하면 문제가 없다. 그래서 나는 직원들에게도 회사가 아닌 나를 위해 일한다는 마음을 가지라고 한다. 그런 마음으로 일하면 업무를 대하는 관점이 달라지고 평소 안 보이던 것들도 보이기 시작한다. 자신의 발전을 위해 내가 맡은 일을 넘어 회사 전반의 프로세스까지 고민하면서 적극적으로 협업하게 되는 것이다. 반대로 회사에서 주어진 역할에만 충실하면 우물 안 개구리밖에 안 된다. 이런 직원들만 있는 회사는 결코 발전할 수 없다. 가령 생산자가 '나는 만들었으니 판매는 마케터들이 알아서 하라'는 식의 사고방식으로 일하면 재고는 쌓일 수밖에 없다. 생산자도 어떻게 하면 잘 팔 수 있을지 고민해야 한다. 판매자도 마찬가지다. 생산 부서에 다양한 피드백과 아이디어를 제공해서 더 나은 제품을 만들 수 있도록 협조해야 한다. 이런 생각과 태도로 일하면 제품 하나하나에 나의 모든 역량을 쏟아서 정성을 다할 수 있다. 일의 성패는 여기에서 결정된다.

물건만 팔지 말고 이익을 나누어라

유럽과 미국 시장의 도전은 중국 재진출에서 얻은 자신감에서 비롯된 것이다. 물론 중국 진출은 수많은 우여곡절 끝에 이룬 성과였다. 1993년 동진레저가 중국에 진출했다가 2년 만에 철수한 후 절치부심한 끝에 재도전한 결과였고, 중국 전체에서도 최초의 아웃도어 브랜드 론칭이었다. 무주공산과 같았던 중국 시장을 개척했을 때의 성취감은 실로 대단했다.

하지만 첫 번째 중국 진출에서는 초반 8년 동안 상당한 수업료를 냈다. 당시의 강남 아파트 10채를 고스란히 갖다 바친 셈이었다. 중국에 공장을 짓고 매장을 열 때마다 상황이 좋지 않았다. 첫 중국 진출이었던 다롄 공장 설립이 실패하고 베이징에 현지 법인을 설립할 당시에는 외환위기의 한파로 내우외환의 상황이었다. 무엇보다 막상 중국에 진출하고 보니 모든 것이 생각과 달랐다. 흔히 '중국 인구를 생각해 봐라. 손수건을 만들어 팔아도 하나씩만 사주면 그게 얼마냐?'라고 말한다. 하지만 그런 안이한 생각으로 중국에 진출하면 백발백중 망한다. 나 역시 마찬가지였다. 애초에 중국 연구가 부족한 상태에서 진출했기에 수익은커녕 밑 빠진 독에 물 붓는 격이었다.

그때 나는 두 가지를 배웠다. 첫 번째는 중국의 역사와 문화를 공부하고 현지화를 최우선 과제로 삼아야 한다는 것이다. 중국 진출 1기는 한국 사람의 눈으로 중국 시장을 바라보고 팔릴 만한 물건을 만들자는 안이한 생각에서 출발했다면 2기는 달랐다. 비싼 수업료를 낸 만큼 접근 방식부터 달리했다. 그래서 팔릴 만한 제품을 만드는 데 주력하기보다 중국인의 마음을 사로잡는 데 온 힘을 쏟았다.

내가 현지화 전략으로 택한 것은 '물건만 파는 게 아니라 이익도 나누겠다'는 것이었다. 중국에서 사업할 때 가장 중요한 것이 인맥 쌓기인 '관시(關係)'인데 막상 제대로 사업을 해보면 그것이 오해임을 알게 된다. 관시의 기본은 '의(義)', 즉 신뢰다. 다시 말해 중국에서 성공적인 비즈니스를 하려면 중국인들에게 이로운 기업이 되어야 한다. 그렇다면 아웃도어 업체가 할 수 있는 이익의 환원 중 가장 대표적인 것은 무엇일까? 나는 환경운동이라 생각했고 만리장성 캠페인을 시작했다. 중국인들이 가장 소중히 여기는 문화유산인 만리장성을 보호하는 캠페인으로, 한국 기업 중 최초로 우리가 시작한 것이다.

이 캠페인은 영국의 환경보호 운동가인 윌리엄 린드세이에 의해 1987년부터 시작되었다. 우리는 2002년부터 참여했는데 중국인들에게 진정성 있는 활동으로 평가받았으며, 중국 내 250개 매장 운영과 북경을 중심으로 남부까지 시장을 확대해 나가는 데 결정적인 영향을 미쳤다. 또한 2008년도에는 중국인 사장을 영입해 중국 언론의 주목을 받았다. 중국인들에게 외국 브랜드의 사장 자리를 중국인에게 맡긴다는 것은 상당히 혁신적인 일이기 때문이다.

그리고 두 번째로 깨달은 바는 중국에서도 글로벌 브랜드로서의 보편성을 확보해야 살아남을 수 있다는 점이다.

이런 고민 없이 단기 매출에 연연했다면 또다시 실패의 고배를 마셨을 것이다. 하지만 두 번째 진출에서는 새로운 전략을 택했다. 명품 브랜드를 선호하는 중국인의 성향상 중국 시장에서 성공하기 위해서는 미국에서의 성공 스토리가 필요했다. 그래서 일단 유럽에 진출해 제품력을 인정받은 후, 미국 시장에 진출해야겠다는 우회 전략을 수립했다. 이를 위해서는 가장 먼저 아웃도어 선진국에도 통하는 기술력을 갖춰야만 했기에 품질 향상에 더욱 집중했다. 이 또한 '당장 팔릴 만한 물건'을 만드는 데만 연연하지 않았기에 가능했고, 결국 이것이 가장 블랙야크다운 전략이었다.

잘못 채운 단추는
처음부터 다시 끼워라

―――

 옷을 입다가 단추를 잘못 채운 걸 알게 되면 어떻게 하는가? 어떤 사람은 잠시 고개를 갸우뚱하면서도 계속 단추를 채워나간다. 잘못된 일인 줄 알지만 혹시나 하는 마음에 차마 처음으로 되돌아가지 못하는 것이다. 하지만 결국엔 일을 더 그르치게 된다. 아무리 비싸고 좋은 옷이라도 단추가 잘못 채워지면 우스꽝스러워 보일 뿐이다.

 사업이나 인생살이도 단추 채우기와 같다. 첫 단추부터 잘못 채워진 상황에서 그걸 깨닫고도 단추를 풀 생각은 하지 않고 엉뚱한 조치만 남발하는 것은 사태를 악화시킬 뿐이다. 물론 일을 하다 보면 첫 단추를 잘못 채웠다는 사실을 알게 되어도, 처음부터 다시 시작할 용기를 내기란 쉽지 않다. 이미 다양한 이해관계가 형성되어 있고, 일이라는 것은 정해진 기간 내에 해내야 하는 목표가 있기 때문이다. 하지만 과감히 원점으로 돌아가야 원칙과 상식에 맞는 결과를 만들어낼 수 있다.

지금 우리 사회에도 애초에 잘못 채운 단추 같은 일들이 많다. 허울만 좋은 정책과 사전에 충분한 합의와 토론을 거치지 않은 급조된 정책은 갈등과 분열을 초래할 뿐이다. 이런 정책은 단추를 하나라도 더 채우기 전에 반드시 풀어야 할 것이다. 서너 개만 채워보면 잘못된 게 보이지 않나. 그런데도 온갖 이해관계가 얽혀 있다는 이유로 끝까지 채우면 결국엔 사회 갈등을 조장하고 애초에 하지 않느니만 못한 결과를 초래한다. 그나마 출구를 찾을 수 있을 때 원점으로 돌아가야 할 것이다.

무슨 일이든 순리를 따라야 후회가 없다

1997년 히말라야 원정을 앞둔 시기의 일이다. 나는 안나푸르나와 칸첸중가 원정대 대장을 맡아서 출정을 준비 중이었는데 마침 그때 우리 회사에서는 물류센터를 짓고 있었다. 공교롭게도 착공 일자와 원정대 출발 시기가 겹치는 상황이었다. 두 가지 일 모두 내게는 아주 중요했다. 회사의 수장으로서 공사 진행 상황을 점검해야 하는 일도 당연지사지만, 히말라야 원정은 오래전부터 대원들과 한 약속이어서 그들과의 신뢰를 저버릴 수도 없었다. 물류센터는 내가 있으면 더 잘될 수 있겠지만 나 없이도 해봐야 할 일이었다. 내가 회사의 모든 일을 일일이 다 챙긴다면 성장하는 데 한계가 있을 수밖에 없다. 비록 문제가 생기더라도 이번만큼은 직원들을 믿고 맡겨보자는 결론을 내린 후 나는 착공식만 보고 히말라야로 향했다.

그런데 안타깝게도 원정대는 등정에 실패하고 말았다. 그 와중에 물류센터 공사도 졸속으로 진행되면서 기계 설치 동선이 꼬여 낭패를 볼 상황이었다. 나는 즉시 임직원 회의를 소집해서 문제점과 대책을 논의했다. 임직원들은 문제의 심각성은 알지만 이미 진행된 부분은 어쩔 수 없으니 남은 단계를 철저히 챙기자는 의견을 내놓았다. 하지만 내 생각은 달랐다.

"전부 다 철거하고 다시 공사합시다."

"네? 그러면 저희 손해가 너무 큽니다."

"잘못 끼운 단추를 보고도 계속 채우자는 겁니까?"

곤지암 물류센터는 기존의 성남 물류센터가 지닌 문제점을 보완하기 위해 짓는 것이었다. 그런데 그 부분이 제대로 보완되지 않는다면 새로 짓는 의미가 없지 않은가. 더 늦기 전에 바로잡아야 더 큰 손해를 입지 않을 것이다. 그날 이후 나는 매일 아침 출근 전에 곤지암에 들러서 공사 진행 과정을 점검했다. 5월 말 준공 예정이던 공사는 가을이 되어서야 마무리되었다.

그런데 준공 한 달 만에 외환위기가 닥쳤고 우리 회사도 자금 관리에 문제가 발생했다. 물류센터를 짓기 위한 자금의 일부는 은행에서 차입하고, 완공 이후에는 기존 물류센터를 판 매각 대금으로 대출금을 갚을 예정이었는데, 이 계획이 틀어진 것이다. 경제가 어려워지자 매출도 줄어들 수밖에 없었다. 상황이 이러하니 사내에서는 히말라야에 가지 않고 현장을 챙겼으면 외환위기 전에 준공해서 자금 압박도 덜했을 거라며 비난이 일었다.

물론 나도 마음이 편치 않았다. 하지만 안나푸르나 등반에서 욕심을 버리고 순리를 따라야 한다는 큰 깨달음을 얻고 왔기에 후회는 없었다. 무엇보다 우여곡절 끝에 탄생한 곤지암 물류센터는 애초의 목적대로 기존 물류 프로세스가 지닌 문제점을 개선했으며 비용 절감에도 큰 역할을 하고 있다. 중국 다롄에서의 투자 철수와 마찬가지로 물류센터 재착공도 잘못을 겸허히 받아들이고 과감히 원점에서 다시 시작하는 것이 더 멀리 보는 최선의 방법임을 증명해 주었다. 그리고 히말라야 등반도 그날의 실패를 기반으로 다음 등반 여건을 재정비할 수 있었기에 후회 없는 여정이었다.

실수와 고의의 차이

잘못은 깨달은 순간 바로 인정하고 바로잡아야 한다. 그것이 가장 적은 비용으로 잘못을 고칠 수 있는 최선의 대응이다. 다만 인정만으로는 고객의 마음을 되돌릴 수 없으므로 뒤이어 확실한 해결책이 필요하다. 이때는 잘못 채운 단추를 다 풀어내고 다시 채운다는 각오로 개선점을 찾아야 한다. 당장의 손실을 줄이기 위해 꼼수를 부리는 순간 고객의 신뢰를 잃게 되고 더 큰 화를 불러오기 때문이다.

  2019년 블랙야크키즈에서 발생한 리콜 사태도 이런 마음가짐으로 대처했다. 어린이용 겨울 점퍼 모자에 천연모를 부착한 제품이 판매되었는데 그 천연모에서 유해 물질이 검출된 것이다. 그 사실을 알게 된 후 바로 고객에게 사과하고 전 제품을 수거해 환불 및 교환했으며 해당 제품은 모조리 소각했다. 문제가 된 부분만 떼어내 재활용해도 되지만 그러한 대처는 진정성이 없다고 판단해서 1년간 창고에 보관하고 있다가 모두 소각했다. 지금 생각해도 문제가 된 제품을 다시 활용할 고민을 하지 않고 원천적으로 폐기한 것은 잘한 결정이었다. 이러한 대처는 사내 직원들에게 경각심을 불러일으켜 제품 개발과 생산 및 관리에 더욱더 만전을 기하는 계기가 되어주었다.

  단추를 잘못 채웠다는 판단이 들 때 나는 어떤 선택을

하는 사람인지 스스로 생각해 보라. 귀찮고 번거롭지만 단추를 모두 풀어 다시 하나하나 채우는지, 아니면 잘못 끼운 걸 알면서도 인정하지 않고 끝까지 채운 뒤에야 이상하다는 걸 깨닫는지 말이다. 만일 후자라면 잘못된 인생을 두고 다른 데서 이유를 찾으며 시간을 허비하는 우를 범할 수도 있다.

"잘못 쏜 화살도 내 화살이다."

우리나라 국가대표 양궁팀의 선수가 한 말이다. 내가 쏜 화살이 과녁의 중심에서 벗어난 잘못 쏜 것일지라도, 그 사실을 부정하지 않겠다는 의미다. 온 힘을 다해 활시위를 당겨도 찰나의 순간 벌어지는 실수와 바람의 세기에 따라 화살은 원치 않는 곳에 꽂힐 수 있다. 이럴 때 자신의 실수를 인정하지 않고 바람을 탓하는 선수는 결코 발전할 수 없다. 반면에 잘못 쏜 화살의 개선점을 찾기 위해 노력하는 선수는 어떤 환경에서도 자신의 기량을 제대로 발휘하기 마련이다.

이와 마찬가지로 현재와 미래를 개선하고자 한다면 가장 먼저 잘못 채워진 단추를 찾아 바로잡아야 한다. 문제점을 직시하고 바로잡으면 그것은 순간의 실수가 되고 얼마든지 개선할 수 있다. 반면에 숨기면 고의에 해당하고 이런 실수가 계속 반복되면 결국엔 나쁜 실패로 치닫기 마련이다. 삶은 점점 더 고달파지고 불행해질 수밖에 없다.

경영과 등반의 제1원칙은
'살아남는 것'이다

2018년 폴란드와 프랑스 산악인 두 명이 히말라야의 낭가파르바트 정상에 오른 후 하산하던 중 조난당했다. 폴란드 산악인 마츠키에비치가 설맹으로 앞을 보지 못하자 프랑스 산악인이 그를 부축해 하산을 시도했지만, 둘 다 목숨이 위태로운 상황에 처한 것이다. 이들을 구조하기 위해 나선 산악인은 폴란드의 의사 아담 비엘레키였다. 당시에 그는 블랙야크 '와투시 다운 슈트'의 필드 테스트를 수행 중이었는데 이들의 소식을 듣고 구조에 나서 약 18시간 만에 성공했다. 안타깝게도 마츠키에비치는 구조

하지 못했지만 프랑스 산악인의 목숨은 구한 것이다.

이후 아담 비엘레키가 긴급 구조 시 입은 우리 회사의 '와투시 다운' 제품이 화제가 되었다. 그 제품 덕분에 극한의 추위를 이겨내면서 동료 산악인을 구할 수 있었다고 언론을 통해 밝혔기 때문이다. 그 제품은 2019년 ISPO 뮌헨에서 올해의 제품 상을 수상하기도 했다.

세계 무대에서 블랙야크가 주목받게 된 이유는 아웃도어에서 가장 중요한 기능성에 집중하며 기술 개발에 몰두했기 때문이다. 국내의 다른 아웃도어 브랜드들이 다운점퍼 등 패션 상품 개발에 치중하는 동안 '기술력이 곧 트렌드'라는 신념을 버리지 않았기에 거둔 성과다. 지금도 국내 아웃도어 브랜드 중 해외 등반 시 6000~7000미터 높이의 서밋까지 입고 갈 등산복은 블랙야크밖에 없다. 이것은 우리의 가장 큰 자긍심이다.

기술력이 시장을 주도하는 트렌드다

아웃도어 의류와 등산용품은 패션이 아니라 과학이다.

그래서 나는 블랙야크의 옷은 패션 상품이 아니라 '장비'라고 정의한다. 사람의 생명을 지켜주는 옷이기 때문이다. 당연히 우리에게 가장 중요한 것은 '기술 자립'이다. 최고의 등반 기술이 살아남는 것이듯 우리도 살아남는 제품을 만들어야 하는데 최고의 기술력을 갖추지 못하면 이 목표는 이룰 수가 없다.

블랙야크의 기술 지향은 1988년 동진산악 시절로 거슬러 올라간다.

"사장님, 이 신문 좀 보세요. 우리 텐트가 실렸어요!"

"조우니돔이? 왜 무슨 일로?"

"우리 텐트만 품질 테스트를 모두 통과했다고 합니다."

나는 영업부 직원이 들고 온 신문을 뺏다시피 낚아챘다. 《경향신문》에 실린 기사인데 캠핑용 텐트의 방수 불량 문제를 다루고 있었다. 기사에는 한국소비자보호원이 몇몇 유력 회사의 제품을 테스트한 결과 '동진의 제품(조우니돔)만이 모든 시험 항목에서 합격 판정을 받았다'라고 쓰여 있었다. 그날 신문을 들고 뛰어온 직원 앞에서는 크게 내색하지 않았지만, 속으로는 한달음에 달려온 직원보다 더 뛸 듯이 기뻤다. 드디어 최고의 기술로 가장 안전한 등산 제품을 만드는 전문업체로 인정받은 것이다.

  이는 산악인으로서 당연히 지켜야 할 나와의 약속이기도 하다. 그 약속을 지키기 위해 엄홍길 대장도 속해 있던 당대 최고의 거봉산악회 회원들에게 제품을 제공하고 사용 후기를 들으며 제품에 반영했다. 지금으로 치면 필드 테스트인 셈이다. 요즘은 아웃도어 업체들이 다들 필드 테스트를 하지만 당시로서는 우리가 최초였다. 세계 여성 최초로 8000미터 14좌를 완등한 오은선 대장을 후원하고, 엄홍길 대장을 기술 고문으로 위촉해 상품 개발에 참여시킨 것도 우리만의 독보적인 기술력을 갖추는 데 큰 역할을 했다.

  글로벌 시장으로의 도전을 선언한 이후에는 기술 자립에 더욱 박차를 가했다. 유럽 진출 초기에 용역을 준 스위스 디자인 개발회사를 아예 인수한 후, 독일로 옮겨 R&D 센터인 DNS를 설립했다. 이곳에서 개발한 제품들은 혹독한 환경을 탐험하는 알피니스트를 위해 고산 환경에서 필드 테스트를 거친다. 이러한 각고의 노력 끝에 DNS에서 개발하는 제품들은 ISPO 뮌헨에서 누적 집계 기준 어워드 33관왕이라는 대기록을 세울 수 있었다. 이것이 아웃도어의 본거지인 유럽을 정면 돌파한 우리만의 방식이다.

당장 눈앞의 성과도 중요하지만 더 먼 미래를 내다본 결단과 우직한 노력이 없었더라면 지금의 블랙야크는 없었을 것이다. 그래서 R&D센터의 이름도 '개발은 절대 멈추지 않는다(Development Never Stops)'로 지은 것이다. 이제는 DNS 컬렉션을 한국 소비자들의 니즈에 맞게 재개발해 선보이고자 애쓰고 있다.

20년 넘게 불량품 전시회를 하는 이유

블랙야크에는 기술 향상을 위한 특별한 업무 문화도 있다. 20년 넘게 시행된 행사로 제품 개발에 관련된 담당자와 업체 사장님들까지 참석하는 '불량품 전시회'다. 나의 아이디어로 시작된 행사인데 말 그대로 불량품을 전시해 놓고 실무자들과 함께 토론하는 자리다. 서울 본사를 비롯해 베트남 공장에서도 하고 있다. 언뜻 들으면 불편한 자리 같지만 그렇지 않다. 직원과 협력업체들까지 모두 더 나은 제품을 만들기 위한 우리의 문화로 받아들이고 있다.

제품을 생산하다 보면 불량품이 나오기 마련이다. 그런데 그저 전해 듣기만 한다면 적극적인 개선안을 마련하기 어렵다. 열 번 듣는 것이 한 번 보는 것만 못하기 때문에 이런 품평회를 하는 것이다. 이 행사에는 나도 참석하는데 해를 거듭할수록 직원들의 참여도가 높아졌다. 이제는 다들 완성도를 높이는 데 도움이 된다는 걸 알기에 허심탄회하게 의견을 개진한다.

물론 담당자로서는 조금 불편할 수도 있지만, 누구를 탓하거나 비난하는 자리가 아니라 더 나은 품질을 위한 연구 과정이자 배움의 자리라고 생각하면 고통스러울 이유가 없다. 만약 그 자리가 힘들다면 일을 그만두는 게 낫다. 실수를 인정하고 개선하려는 노력을 하지 않겠다는 것인데 그런 태도는 회사와 고객 모두에게 폐를 끼친다.

이 외에도 기술 경쟁력을 위해 업계 최초로 '품질 매뉴얼'을 구축해 중국과 베트남 공장의 현지 교육에 적극 활용하고 있다. 생산관리 직원들이 점점 더 늘어나고 있고 세계 각지에 있기 때문에 품질을 끌어올리기 위해서는 매뉴얼이 필요했다. 실제로 매뉴얼 배포 후 불량률은 현저히 줄어들었다. 이 또한 업계 최초인데 일부러 사례를 만들려고 애쓴 게 아니다. 품질과 마케팅 모두에서 새로운 길을 개척하다 보니 우리만의 방법을 찾게 됐을 뿐이다. 무엇보다 해외로 나아가려면 모든 게 다 처음일 수밖에 없다.

그럼에도 아쉬운 점은 있다. 코로나 팬데믹 때 매출이 떨어지자 트렌드를 좇아 패션 제품 쪽으로 방향을 틀자는 의견을 받아들였던 것이다. 이는 지금도 내가 두고두고 후회하는 일이다. 변화를 위해 라이프 스타일에 집중하는 사이 블랙야크다움을 잃어버린 기간이 있었기 때문이다. 반면 변화를 거듭하면서도 기술 지향이라는 본질을 잃지 않은 채 성장 궤도를 달리는 아웃도어 브랜드가 있다. 내가 가장 주목하는 기술 지향 기업인 아크테릭스다.

아크테릭스는 사업의 규모가 커지자 창업주가 과감히 매각을 결정했고, 중국 자본과 만나면서 태풍이 점점 더 커지듯 놀라운 성장세를 보여주고 있다. 중요한 것은 이 과정에서도 본연의 정체성과 기술에 집중했다는 점이다. 무엇보다 원래의 기술진과 디자이너들을 그대로 인수하면서 아크테릭스만의 기술력을 이어나갔다. 이처럼 브랜드의 철학을 지키는 것은 그 무엇보다 중요하다. 나는 이 점을 높이 평가하고 있으며 타산지석으로 삼고 있다.

트렌드는 유행이고 눈 깜짝할 사이 사라져 버린다. 그러므로 트렌드만 좇는 브랜드는 한계가 분명하다. 반면에 '기술력이 곧 트렌드'라는 신념을 갖고 운영하는 브랜드는 롱런하기 마련이다. 물론 기술만 강조해서도 안 된다. 본질이 기술이고 거기에 트렌드를 접목시켜야 할 것이다. 중요한 것은 트렌드에 기술을 접목시키는 게 아니라, 기술에 트렌드를 접목시켜야 한다는 점이다. 그러면 시대와 유행이 바뀌어도 큰 문제가 없다.

특히 일본과 독일의 사례를 보며 나는 힌트를 얻을 수 있었다. 두 나라에는 장수 기업이 상당히 많다. 일본의 경우 설립된 지 100년이 넘은 기업이 4만 5천 개 정도이고, 역사가 200년이 넘는 기업도 2500개 이상이라고 한다. 독일에도 역사가 100년 이상이 된 기업이 1만 개가 넘는다고 하니 놀라운 일이다. 그에 비해 우리나라는 100년 넘게 생존해 온 기업이 고작 10개 내외다. 급격한 경제 성장을 이루며 기업도 빠르게 성장한 경우가 대부분이라 국내 기업의 수명이 상대적으로 짧은 편이라 생각된다.

세계의 장수 기업에는 뚜렷한 특징이 있는데, 전통과 기술을 오랜 기간 고수해 왔다는 것이다. 대표적으로 일본의 곤고구미를 꼽을 수 있겠다. 서기 578년에 백제 출신의 유중광이 일본에서 설립한 건축회사인 곤고구미는 세계에서 가장 오래된 기업으로 꼽힌다. 긴 세월 동안 지속적으로 성장해 온 이 기업은 변치 않는 튼튼한 기술력으로 인정받고 있다. 경영자와 직원들이 사명감을 품고 후대에 기술을 전하고 인재를 육성해 왔기에 지금의 곤고구미가 존재하는 것이다.

"그렇게까지 기술력 강화에 올인할 필요가 있을까요?"

10여 년 전쯤 많이 들었던 말이다. 그때마다 나는 토종 브랜드를 만들기는 쉽지만 기술력 없이는 한때의 트렌드로 유행하다 사라지고 만다고 답했다. 이는 모든 산업에 적용된다. 기술이나 자본이 다른 나라 또는 다른 기업에 예속되면 성장의 한계에 직면한다. 그러므로 기술 자립은 선택이 아니라 생존이다. 무엇보다 블랙야크는 히말라야를 등반하는 산악인뿐 아니라, 언젠가 한 번쯤은 히말라야에 가기를 꿈꾸며 북한산을 등반하는 이들에게도 같은 품질의 제품을 제공하는 브랜드다. 이는 고객에게 안전한 아웃도어 생활에 필수적인 기능은 물론, 행복한 경험까지 선사하겠다는 우리의 목표이기도 하다.

하산할 때가
더 위험하다

―――

산은 오를 때보다 내려올 때가 더 위험하고, 사고도 하산하는 오후에 더 많이 발생한다. 실제로 재난안전데이터의 등반 관련 사고 통계 자료를 보면 올라갈 때의 사고율은 20%인 데 반해 내려올 때의 사고율은 80%에 육박한다. 시간대도 오후 3시에서 6시까지 하산하는 시간대의 사고율이 가장 높다. 하산할 때는 이미 체력이 소모되어 리스크가 매우 크다. 게다가 체중 대비 세 배의 가속이 붙어 훨씬 더 위험하지만, 올라갈 때보다 긴장이 덜해서 방심하기 쉽다. 특히 겨울이 지나 봄이 올 무렵 나뭇잎 아래에는 잔설이 남아 있는데 하산할 때 그걸 무심결에 밟으면 미끄러져 사고가 일어날 가능성이 높다.

이는 기업을 경영할 때도 지침으로 삼을 만하다. 사업을 할 때 위기의 순간이라고 하면 경기 침체나 정부 시책의 변화 등 환경 변화를 떠올리기 쉽다. 하지만 실제로 경영을 해보면 그보다 더 큰 변수가 있다. 바로 사업이 잘될 때다. 불황일 때는 정신을 바짝 차리고 있어서 어지간해서는 큰 위기가 닥치지 않는다. 반면 호황일 때는 조직 시스템 전반이 나사가 풀린 듯 느슨해지고 직원들도 긴장하지 않는다. 위기는 이때를 노린다. 그러므로 호황기일수록 긴장의 고삐를 늦춰서는 안 된다. 호황 때 방심해서 목줄 풀린 망아지처럼 날뛰면 반드시 어려움에 직면하게 된다.

인생살이도 예외는 아니다. 사람은 누구나 잘나가면 자만해져서 주변 사람의 조언을 들으려 하지 않고 귀를 닫는다. 독선적으로 바뀌면서 자기주장이 강해지는데 이때가 가장 위험하다. 반면에 어려울 때는 다른 사람의 말에도 귀 기울이면서 적극적으로 조언도 얻고 경계심을 늦추지 않기 때문에 급작스럽게 나락으로 떨어지는 일은 잘 일어나지 않는다.

호황은 위기의 다른 얼굴

신호등의 파란불과 빨간불 사이 노란불이 켜져 있는 시간은 아주 짧다. 하지만 그 순간은 더없이 중요하다. '주의'를 의미하는 노란불이 들어오면 긴장해야 한다. 그런데 이 신호를 무시하고 넋 놓고 있으면 빨간불이 들어왔을 때 재빨리 대응할 수 없다. 사업을 할 때도 노란불이 들어오면 기민하게 다른 신호로 바뀌는 상황에 맞게 준비를 해놓아야 한다.

하지만 경기가 좋고 장사가 잘될 때 어려워질 상황을 염두에 두고 대비하기란 쉽지 않다. 사업체를 이끌어온 지난 수십 년간의 시간을 돌이켜 보면 사업상 가장 위험할 때는 신바람 나게 장사가 잘될 때였다. 매일 주문 물량을 맞추는 데 집중하다 보면 자연스레 미래에 대한 생각은 슬며시 미뤄놓게 되고, 그러다가 막상 위기가 닥치면 우왕좌왕하게 된다.

내가 사업을 하면서 가장 방심한 시기는 2012년과 2013년 사이였다. 제품을 만들어서 블랙야크 로고만 달면 다 팔릴 때여서 자만했던 것이다. 그러다 보니 나를 비롯한 조직 전체가 느슨해졌다. 경비가 많이 나가도 '잘 버는데'라며 안이하게 대처했고, 직원들도 회삿돈 쓰는 데 주저하지 않았다. 그렇게 한번 커진 구멍은 절대 줄일 수 없다. 이처럼 사업에는 늘 부침이 있기 때문에 잘나갈 때 반드시 침체기를 대비해야 하는데, 나 역시 호황 때 불황을 대비하지 못해 낭패를 겪기도 했다.

아웃도어 업계에도 크고 작은 호황과 불황이 반복된다. 첫 번째 호황은 1977년 고상돈 대원이 한국인 최초로 에베레스트를 오른 후 등산 붐이 일어났을 때였다. 이후 불과 2년 뒤인 1979년 10월 26일 박정희 대통령 시해 사건으로 계엄령이 선포되자 등산객들의 발길이 뚝 끊겼다. 그러다가 1982년 1월 통행금지가 해제되면서 등산장비 업계 전체가 다시 살아났다.

그 무렵 한국 경제도 도약기였다. 소위 저달러, 저유가, 저금리의 '3저 호황 시대'를 맞아 국민도 먹고사는 문제에서 나아가 건강에 관심을 가지면서 산악 인구가 급증했다. 종로 등산장비 거리 역사상 가장 장사가 잘되던 시기로 '구멍 난 코펠만 아니면 뭐든 다 팔린다'는 말이 있을 정도였다. 하지만 호황도 잠시, 등산장비 시장의 폭발적인 성장을 지켜보던 대기업들이 줄줄이 이 시장에 뛰어들면서 포화상태에 이르자 중소업체들은 순식간에 설 자리를 잃고 말았다. 노란불이 들어올 때 다음 신호등으로 바뀔 준비를 못 한 것이다.

그때 나는 고민 끝에 뒤처지는 브랜드 인지도를 제품력으로 극복하겠다는 승부수를 띄웠다. 당시 대다수 업체는은 인건비가 싼 중국이나 동남아시아로 공장을 옮겼지만 우리는 국내 직영 공장을 고집했다. 해외로 공장을 옮기면 원가가 낮아져 수익은 높아지겠지만, 지속적으로 품질을 관리하기가 어려울 것이 뻔했기 때문이다. 처음 사업을 시작할 때부터 나의 목표는 높은 수준의 국산 제품을 보급하는 것이었기에 품질만큼은 타협할 수 없었다. 마침 1986년 서울아시안게임과 1988년 서울올림픽을 유치하면서 스포츠에 대한 관심이 고조되자 대기업들은 포화상태였던 아웃도어 시장에서 손을 떼고 모두 스포츠 브랜드를 출시했다. 그 시기와 맞물려 높은 원가 부담을 감수하며 시도한 정면 돌파가 성과를 거두면서 우리는 독보적인 위치를 점할 수 있었다.

하지만 그렇게 '아, 이제 살 만해지겠구나.' 잠시 안도

하는 사이 청천벽력 같은 이변이 일어났다. 1991년 산에서의 취사 및 야영이 전면 금지된 것이다. 이 조치는 업계 전체의 숨통을 죄었고 등산용품 업계의 70% 이상이 문을 닫았다. 당시 동진레저도 피해 갈 수 없었다. 문을 닫지는 않았지만 성장 동력을 완전히 상실한 채 그야말로 하루하루 힘겹게 버텼다. 계엄령이 내렸을 때도, 대기업이 들어와 시장이 포화상태가 되었을 때도 버텨온 사업이라 특별히 비상금을 마련해 놓을 필요를 느끼지 못했고 버는 족족 투자에 전념해 온 터였다. 그제야 호황기에는 전혀 보이지 않던 사업상의 취약점들이 속속 눈에 들어왔다. 하지만 대응할 여력이 없었기에 망연자실한 상태였다. 이 혹독한 경험을 통해 나는 크나큰 교훈을 얻었다. 잘나갈 때 미래를 대비해야 한다는 것이다.

'위기가 없다'고 생각하는 것이 위기다

지극히 당연한 이야기지만 하는 일이 잘 풀리고 무탈하다 보면 점차 마음이 무뎌진다. 하지만 나를 둘러싼 외부 환경은 변화무쌍하다는 점을 마음 깊이 새겨두고 있어야 한다. 특히 호황기일지라도 무조건 시장의 팽창 속도를 따라가서는 안 되고, 침체기에도 무리 없이 운영할 수 있을 정도로 적정선을 유지하는 것이 중요하다. 그래서 나는 직원들에게 항상 시장 상황에 촉각을 세우고 있으라고 강조한다.

이는 마치 신호등을 주시하며 운전하는 것과 같다. 파란불과 빨간불 사이 노란불이 켜져 있는 시간은 매우 짧다. 그러므로 노란불이 들어오자마자 빨간불을 준비해야 하며 그보다 앞서 파란불일 때부터 긴장을 늦추어서는 안 된다. 하지만 많은 이들이 노란불이 들어오면 그제야 위험을 느끼고 우왕좌왕하는데 그때는 준비하기에 이미 늦다. 눈 깜짝할 사이에 빨간불로 바뀌기 때문이다. 문제는 파란불일 때는 약간의 노력으로 해결할 수 있는 문제가 빨간불일 때는 서너 배 이상의 노력을 기울여도 해결되지 않는 경우가 허다하다는 점이다. 그러므로 순풍에 돛 단 듯 잘나갈 때 가장 경계해야 한다. 잘될수록 가장 낮은 자세로 스스로를 점검하고 더욱 예민하게 밖을 응시해야 탈이 없다. 사업은 잘될수록 경계하고 새로운 도약을 위한 치밀한 계획을 준비해야 한다. 그러면 조직 내에서도 자연스럽게 건강한 긴장감이 돌고 이때 준비한 것으로 시장을 선점하고 지배할 수 있다.

일본을 대표하는 자동차 기업 토요타는 2000년대 초반까지 50년 동안 흑자 기업으로 칭송받았다. 당시 토요타의 성공 비결은 '타도 토요타'였다. 직원들에게 끊임없이 쇄신을 강조한 것이다. 하지만 최근 몇 년간 토요타는 위기에 직면했다. 전 세계 자동차 시장의 전기차 열풍을 과소평가한 나머지 내수와 수출 모두 고전을 면치 못하고 있다. 이처럼 외부 환경에 대한 경계와 대응을 적극적으로 하지 않으면 상황은 순식간에 뒤바뀐다.

국내 아웃도어 업계도 내수 침체와 시장의 포화로 어려움에 직면해 있다. 우리도 예외는 아니다. 하지만 이럴 때일수록 움츠러들어서 방어만 해서는 안 된다. 이에 우리는 신성장 동력을 확보하기 위한 노력과 함께 내부 정비에 온 힘을 다하고 있다. 신호등의 불이 바뀌면 바로 대응하기 위함이다. 준비된 사람에게만 기회가 온다는 사실은 사업과 인생살이의 진리다.

생존을 넘어 공존을 꿈꿔라

상생
경영

"ESG 경영에 관해서는
나만의 신념이 있다.
바로 사회공헌 사업은 오너나 임원이
진두지휘해서는 안 되며,
반드시 전 직원의 공감대가 형성되고
조직 내에 체화되어야 한다는 점이다.
즉, ESG 경영은 회사 구성원과 조직 전체의
DNA가 되어야만 지속될 수 있다."

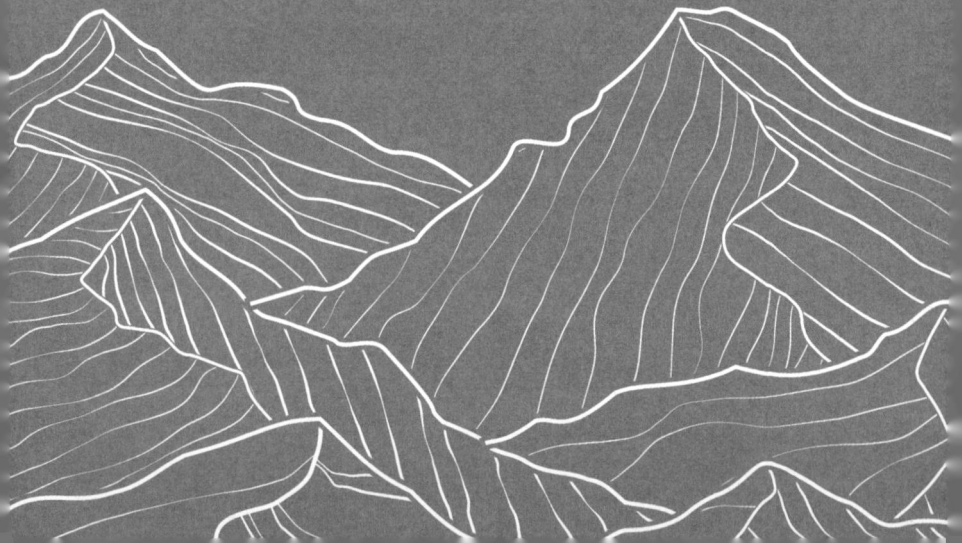

성을 쌓지 말고
길을 만들어라

 새로운 길은 언제나 찾는 이에게만 보인다. 남들이 가는 길만 뒤쫓아 가거나 고개를 숙여 내 발밑만 보면서 걸어가는 사람은 새로운 길을 발견할 수 없다. 심지어 지금 내가 어디로 향하는지조차 모른다. 혹여 지금 남들이 가는 길에 무리 지어 뒤따르고만 있다면 고개를 들고 좀 더 멀리 바라보라.
 그런데 새로운 길을 만드는 것과 다른 길을 가는 것은 차이가 크다. 새로운 길은 없는 길을 만드는 것이고, 다른 길은 이미 누군가가 지나간 길이다. 그렇다면 새로운 길

을 만들기 위해서는 어떤 자세가 필요할까? 바로 배움에 관한 진취적인 사고와 주저하지 않는 용기를 가져야 한다. 나는 늘 배움이 부족하다고 느끼면 배움의 길을 찾았고, 국내 시장이 좁다고 판단될 때는 해외로 나가는 길을 찾았다. 오늘날처럼 새로운 성장동력이 필요한 시점에는 우리의 기술력과 노하우로 개척할 수 있는 업종을 발굴해서 미답의 길을 모색하고 있다.

그 덕분에 좁은 국내 시장에서 서로 뺏고 뺏기는 제로섬 경쟁에 빠진 대신 새로운 영역으로의 '확장'을 꾀하고 있다. 제로섬 게임은 한정된 자원을 놓고 배분 싸움을 하는 것으로 새로운 가치를 창출할 수 없다. 얼마나 소모적인 행위인가. 개인과 기업뿐 아니라 국가 차원에서도 바람직하지 않다. 이러한 소모적 경쟁에서 벗어나 성장으로 나아가기 위해서는 주고받음의 상생이 전제되어야 한다. 이를 위해서는 내 것만 고집하지 말고 항상 열린 마음과 경청의 태도도 갖추어야 할 것이다.

기회를 나누는 것도 상생의 길이다

서울대 윤석철 교수는 상생 경영을 '너 살고 나도 사는' 주고받음의 생존 전략으로 정의했다. 그렇다면 어떻게 해야 너도 살고 나도 살 수 있을까? 내가 추구하는 상생 경영의 본질은 '성을 쌓지 말고 길을 만들자'에 있다. 나 혼자만 잘 살자는 것이 아니라 함께 성장할 방법을 모색하는 것이 결국에는 나도 잘 사는 길임을 몸소 깨달았기 때문이다. 이는 실제로 행해보고 깨달음을 얻어야만 신념이 될 수 있다.

물론 나 역시 '무엇이 너도 살고 나도 사는 길인가'의 답을 찾기까지 오랜 시간이 필요했다. 동진사가 동진산악과 동진레저를 거쳐 BYN블랙야크그룹에 이르는 50여 년의 세월 동안 위기가 기회가 되고, 기회가 위기가 되는 순간마다 한 발 더 내디딜 수 있는 용기와 힘을 보태준 이들이 있었다. 이런 경험을 통해 진정한 상생의 길은 함께 성장할 기회를 나누는 것임을 깨달았고 이를 실천하기 위해 노력 중이다.

2019년 나는 한국아웃도어스포츠산업협회장으로 취

임했다. 그때 내가 처음으로 한 일은 국내 아웃도어 및 스포츠 업체들의 해외 진출을 위해 신제품 개발 및 해외 박람회 출품을 도운 것이다. 아웃도어협회 내에는 ISPO에 나갈 규모가 안 되는 회사들이 많다. 그래서 한국 부스로는 유일하게 하나를 만들 수 있는 상황에서 코트라와 논의해 다른 아웃도어 업체들까지 참여시키는 방안을 마련했다. 당시 30여 군데 업체가 참여해서 수출 증대라는 소기의 목적을 달성할 수 있었고, 현재는 약 60개 이상의 업체가 참여하고 있다. 처음에는 참여를 꺼렸던 업체들도 수출이 시작되자 마음을 바꾼 것이다. 그때 다른 업체들과 ISPO에 나갈 기회를 나누었기에 규모가 작은 업체들도 해외 진출의 물꼬를 틀 수 있었다.

이러한 사례는 국내 아웃도어 업계의 소통에도 긍정적인 영향을 미쳤다. 한때 아웃도어 업체들은 동종업체를 경쟁 상대로만 봤다. 이는 어느 산업을 막론하고 마찬가지다. 우리나라의 기업들은 이종업체끼리 만나면 소통이 잘되는데 동종업계에서는 오히려 소통이 쉽지 않고 다툼도 잦다. 하지만 이제는 동종업계 기업들도 성을 쌓는 대신 함께 나아갈 길을 만들기 위해 애쓰고 있다. 그래야만 젊은 인재들과 타 분야 인재들이 서로 교류하고 협업하면서 상생의 장이 열리기 때문이다. 아웃도어 업계도 마찬가지다. 서로를 비즈니스 협력의 대상으로 인식하면서 상호 윈윈하고자 애쓰고 있다.

  이러한 상생은 동종업계뿐 아니라 기업을 둘러싼 모든 이해관계자와의 관계에서도 가장 중요한 덕목이다. 블랙야크 상생 경영의 목표 중 하나는 대리점과 협력업체 등 유관사 직원들도 '블랙야크의 일원'이라는 자부심을 갖게 하는 것이다. 이것도 ESG의 일환이다. ESG 경영은 말 그대로 환경과 사회를 고려한 조화롭고 지속 가능한 경제 발전을 의미한다. 당연히 이해당사자들에게도 기회를 주고 우대해 줘야 한다.

  그 차원에서 우리는 협력업체에 우리의 기술력을 전수하기 위해 다양한 방법으로 노력 중이다. 이는 우리 제품의 불량률을 줄이는 데 중요한 역할을 할 뿐 아니라, 협력업체 직원들의 성장을 돕자는 취지도 있다. 그들이 스스로 개선점을 찾게 하고 지속적으로 재교육해 실력을 업그레이드시키고 있다. 일례로 베트남 생산법인의 경우 현지 노동법을 적용해서 공장을 소유하지 않는다. 대신 우리는 기술자들만 파견해서 기술과 소재 및 원부자재를 공급해주고, 업무는 현지인들이 하게 해서 좋은 물건을 싼 비용으로 만들어내고 있다. 이는 이해당사자들끼리 윈윈하는 전략이다.

대리점 판매 직원들에게도 배움의 기회를 제공하고 있다. 판매직은 이직이 잦기 때문에 회사 차원에서는 교육이 소모적일 수도 있지만, 이들에게도 지속적으로 판매 기술과 전산을 가르치고 있다. 지역별 혹은 매장별로 교육하고 있으며 점주가 하지 못하는 교육은 본사에서 적극적으로 지원하고 있다. 그래서 우리 회사 영업 직원들의 명함에는 '영업 담당'이 아닌 '영업CM'이라는 직함이 새겨져 있다. 영업 컨설팅 매니지먼트를 의미하며 이들의 주 업무는 매장에 가서 영업하는 게 아니라 직원들을 교육하는 것이다. 이런 교육이 지속적으로 이루어져야 판매 직원들이 고객을 대할 때 실수하지 않고 정확히 업무를 처리할 수 있다. 무엇보다 이들 역시 블랙야크의 일원으로서 교육을 통한 성장의 기회를 누려야 한다.

이 외에 조직이 직원들과 더불어 성장을 도모하는 또 다른 방법은 도전의 기회를 나누는 것이다. 나는 평소에 업무 사안별로 일반 사원들의 보고를 직접 받을 때가 많고, 그들에게도 회사의 중요한 업무에 참여할 기회를 준다. 신규 브랜드 론칭이나 환경 관련 프로젝트가 진행되면 반드시 대리급 정도의 사원을 핵심 인원에 포함시켜 그들이 맘껏 창의적인 아이디어를 낼 수 있도록 지원한다. 실제로 유럽 진출과 폐플라스틱 재활용 캠페인을 추진할 때 팀장 역할은 대리급이 맡았으며, 이들은 프로젝트를 훌륭하게 완수했다.

자연에서의 생존에서 자연과의 공존으로

블랙야크의 상생 경영은 '자연과의 공존'으로 영역을 확장해 나간다. 지난 50년간 '자연에서의 생존'을 위한 기술력을 선보였다면 앞으로의 50년은 '자연과의 공존'을 목표로 나아갈 것이다. 산악인으로서 나는 누구보다 자연 생태계의 소중함을 잘 알고 있다. 그리고 점점 더 변해가는 환경을 매 순간 경험하면서 누구보다 먼저 나서야겠다고 생각했다. 그것이 우리가 업계에서 가장 먼저 ESG 경영을 시행하면서 환경운동에 앞장선 계기이기도 하다.

나는 1993년 히말라야 첫 등정 이후 히말라야를 오를 때마다 환경 문제의 심각성을 절감할 수 있었다. 세계에서 다섯 번째로 높은 산인 마칼루에서는 지열과 태양열로 얼음이 녹아 일본 등반대가 모두 추락사하는 안타까운 일이 벌어졌다. 1997년에는 안나푸르나에서 베이스캠프를 설치할 때도 눈이 녹아 벌어진 틈으로 대원이 빠져 죽는 참담한 경험을 했다.

더 늦기 전에 안전한 등반 환경 조성과 지속 가능한 자연을 위해 우리가 나서야만 했다. 그 과정에서 아이스폴 닥터의 존재를 알게 되었고 그들을 후원하기 시작했다. 아이스폴 닥터는 크레바스와 눈사태 등 기후 변화로 생기는 에베레스트의 등반 위험 요소를 관리하는 팀이다. 또한 히말라야 환경 정화 활동도 함께하고 있다. 우리는 이들을 공식 지원하고 있으며 최근에는 한국에 초청해서 산악 문화를 교류하기도 했다.

2013년 설립된 블랙야크나눔재단에서는 지속 가능한 상태의 자연을 미래 세대에게 물려주기 위해 다양한 환경 보호 활동을 하고 있다. 무엇보다 산이 있어야 아웃도어 활동이 가능하기에 10년 넘게 에베레스트뿐 아니라 국내 명산을 청소하는 '그린야크 클린산행 캠페인'과 산불 피해 지역의 조림 사업도 꾸준히 진행 중이다.

  2014년부터는 대리점주들과 함께 네팔 카트만두부터 5400미터 지점의 베이스캠프까지 오르며 버려진 쓰레기 줍기 캠페인도 하고 있다. 1년에 두 번 20~25명 정도가 함께 청소하러 가는데 이때 대리점 점주들도 함께한다. 블랙야크의 고향에서 야크를 보면서 느끼는 희열을 직접 체험해 보라는 지원으로, 브랜드에 대한 점주들의 애사심과 자부심도 키워준다. 히말라야 고산 지역에서만 살던 야크는 버릴 것이 하나도 없는 동물이다. 고산지대에서 사람들은 윤기 있는 야크의 검은 털로 옷을 지어 입고, 야크의 우유와 고기로 생명을 유지한다. 야크의 배설물 역시 나무가 없는 고산지대에서는 좋은 땔감으로 쓰이곤 한다. 인간과 공생하면서 자신의 모든 것을 나누어주는 야크의 삶이 곧 ESG라는 걸 직접 보고 경험하면 그 이상의 교육은 없다. 그 외에도 중국 진출 후 황사 방지를 위해 쿠부치 사막 나무 심기와 만리장성 복원 운동 등의 활동을 이어오고 있다.

무엇보다 중요한 것은 우리의 사회공헌 활동이 기업의 성장과 더불어 멈추지 않는다는 점이다. 이는 블랙야크강태선나눔재단과 블랙야크강태선장학재단을 동시에 출범한 덕분이기도 하다. 기업이 지속적으로 나눔과 환원을 하기 위해서는 재단을 설립해야 한다. 또한 재단이 지속적으로 운영되어야 회사에서 지원해 줄 수 있고, 재단은 계속 노하우를 쌓아 오랫동안 나눔을 실천할 수 있다. 이를 통해 우리는 환경운동뿐 아니라 산악인 유족 가족 지원, 네팔 지역의 교육과 환경개선 사업 그리고 국내 장애인과 다문화 가정 후원 등 다양한 지원 사업을 할 수 있게 되었다. 그리고 이러한 활동을 인정받아 2020년에는 유엔의 SDGs협회 자문위원으로 위촉되기도 했으며, 해당 협회에서 선정하는 '글로벌 리더 100인'에 3년간 이름을 올리기도 했다.

이러한 ESG 경영에 관해서는 나만의 신념이 있다. 바로 사회공헌 사업은 오너나 임원이 진두지휘해서는 안 되며, 반드시 전 직원의 공감대가 형성되고 조직 내에 체화되어야 한다는 점이다. 즉, ESG 경영은 회사 구성원과 조직 전체의 DNA가 되어야만 지속될 수 있다. 이러한 경영 신념 덕분에 블랙야크는 하버드대학의 마이클 포터 교수가 주창한 CSV(공존의 가치)를 실천하는 기업으로 한 단계 더 도약할 수 있었다.

CSV는 기업과 관련된 사회·환경적 이슈가 기업의 경쟁력을 높이고, 경제·사회적 가치를 창출하는 기회가 된다는 의미다. 핵심은 사회문제 해결에 앞장서는 기업이 비용을 줄이고 기회와 가치를 창출할 수 있다는 데 있다. 실제로 ESG는 블랙야크 성장에 절대적인 영향을 미쳤으며, 새로운 사업의 방향을 정하는 데도 나침반 역할을 하고 있다고 자부한다.

자신의 모든 것을 나누어주는 야크의 삶이
곧 ESG라는 걸 배웠다.

신뢰는
운명에 맞설 힘이 된다

사업에서 가장 중요한 덕목은 무엇일까? 바로 신뢰와 신용이다. 이 두 가지는 경영자에게는 숨 쉴 수 있는 공기와도 같다. 그래서 경영의 가장 큰 시련은 매출 감소가 아니라 신뢰의 붕괴라 할 수 있다. 신뢰가 의미 있는 이유는 오랜 시간 변함없이 쌓아나가야 하는 덕목이라는 데 있다. 사업을 하는 사람들끼리 주고받기로 한 돈을 제때 치르고 약속한 시간에 제대로 된 제품을 공급하는 일련의 과정은 상호 간의 믿음 없이는 작동하지 않고 한두 번의 거래만으로 완성되지 않는다.

그런데 신뢰를 쌓는 데는 수십 년이 걸리지만 잃는 것은 순식간이다. 단 한 번의 잘못된 판단과 욕심으로 공든 탑은 와르르 무너지고 만다. 사업은 망해도 다시 일어설 수 있지만 신용은 한번 잃으면 그것으로 끝이다. 이를 염두에 두고 사람을 대하고 사업을 하면 매사 다르게 처리할 수 있다. 당장 눈앞에 보이는 이익이 없다고 해서 신용을 쌓는 것을 허투루 여겨서는 안 된다. 묵묵히 진정성을 가지고 상대방과 신용을 쌓아가면 그 가치를 이해하고 몇 배로 답해주는 이들도 분명 생긴다.

나는 참으로 운 좋게도 사업 초창기부터 신뢰와 신용의 가치를 절감하게 된 몇 번의 경험을 했다. 그중 한 가지가 광주의 한 거래처 사장님과의 일이다.

광주민주화운동 전날, 백지어음 10장을 받다

1980년 동진산악은 사업상 큰 시련에 직면해 있었다. 당시 한국 사회는 정치적 대혼란 시기로 봄철 등산객도 급격히 줄어들면서 문을 닫는 등산장비 업체가 속출했다. 1979년 박정희 대통령 사망 후 유신체제가 무너지고, 12·12 군사반란 이후 계엄령과 학생들의 시위로 온 나라가 어수선했다. 엎친 데 덮친 격으로 친구와의 거래 관계에서 물품 대금으로 받은 어음에 문제가 생겨서 나는 아주 곤란한 상황에 처하게 됐다. 금전적 손해뿐 아니라 믿었던 친구에게 당한 배신인지라 마음의 상처가 아주 깊었다.

평소 나는 신용과 신뢰를 더없이 중요하게 생각해서 거래처나 손님과의 관계에서 신뢰를 잃을 행동은 하지 않았다고 자부해 왔다. 그런데 이런 일을 겪고 보니 사람을 믿는 것에 대한 근본적인 회의까지 품게 되었다. 그즈음에 전라남도 광주에 있는 거래처인 빅토리아체육사에 수금하러 갈 일이 있었다. 회사의 자금난을 어떻게든 해결해 보고자 심란한 마음을 추스르며 광주로 향했다. 그런데 내가 가게 문을 열고 인사하자마자 손 사장님이 느닷없이 내 등을 떠미는 게 아닌가.

"강 사장, 수금이고 뭐고 지금 광주가 위험한 상황이니 당장 서울로 올라가세요."

그날은 1980년 5월 17일로 5·18 광주민주화운동이 발발하기 하루 전이었다. 사장님은 숨이 넘어갈 듯 다급한 목소리로 나를 채근했지만, 서울에서 온 나는 상황이 얼마나 심각한지 가늠이 되지 않았다. 무엇보다 회사 형편상 빈손으로 올라갈 수는 없었다. 사장님은 머뭇거리는 나에게 자초지종을 물었다. 한동안 묵묵히 듣더니 나를 붙잡아 두고는 가게 안으로 들어갔다. 다시 나온 손 사장님은 내게 백지어음 10장을 쥐여주었다.

"우선 급하게 써야 할 곳에 융통하고 제날짜에 문제 생기지 않게 막아만 줘요."

"저기, 사장님…."

나는 너무 놀라서 한동안 말을 잇지 못했다.

"그동안 하자 없는 물건을 제때 잘 보내줬으니 그만하면 강 사장 신용은 충분합니다. 이거 갖고 어서 올라가세요."

그때 손 사장님의 진심 어린 말은 실의에 빠져 있던 나를 다시 일으켜주었다. 무엇보다 그동안 사람에게 가졌던 불신의 마음이 눈 녹듯이 사라졌다. 그길로 부랴부랴 광주를 벗어났다. 그런데 며칠 뒤에 소식을 들어보니 광주는 생필품 공급이 끊어졌을 뿐 아니라 내부 상황이 전쟁통과 다를 바가 없다는 것이었다. 다음 날 어렵사리 표를 구해 서울로 올라온 나는 그길로 바로 쌀 스물한 가마니를 샀다. 용달차를 곧장 광주로 보낼 길이 없어서 광주와 가까운 순창의 서울체육사로 전달하기로 했다. 그러면서 서울체육사 사장님께는 그 쌀을 빅토리아체육사로 보내달라고 부탁했다. 나를 믿고 백지어음을 주신 것에 보답하고 싶었다. 그리고 사장님께는 쓰시고 남는 쌀은 형편이 어려운 우리 거래처에 나누어 주시면 감사하겠다는 메모를 남겼다.

이후 시간이 한참 흐른 뒤에 다시 광주에서 손 사장님을 만났다. 거래처에 인사를 할 겸 내려갔더니 시내 식당으로 오라고 하셨다. 그런데 그 자리에 광주 거래처 사장님들이 모두 모여 있는 게 아닌가. 사장님이 미리 연락해서 한자리에 모았을뿐더러 손수 체육사 사장님들에게 물건값을 거둬주었다. 심지어 돈이 준비되지 않은 사람에게는 자신이 어음을 끊어 나에게 주었다. 돈이 마련되면 자신에게 달라고 했다. 단 한 장의 어음이라도 부도가 나면 사업에 큰 지장이 있을 텐데 그 위험을 감수할 만큼 나에 대한 신뢰와 고마움이 있었던 것이다.

그때 손 사장님의 도움이 없었다면 동진산악은 경영의

어려움에서 벗어날 수 없었을 것이다. 또한 그날 이후 광주의 체육사 사장님들과도 끈끈한 파트너십을 갖게 되면서 사업에 큰 디딤돌을 갖게 되었다. 무엇보다 사람에 대한 불신의 골을 메울 수 있는 소중한 기회였다. 지금껏 살아 보니 내가 상대에게 준 친절과 신뢰는 결코 밑진 적이 없었다. 근면 성실하게 일하면서 다져온 신용이 켜켜이 쌓여 동진사를 창업할 수 있었고, 그렇게 시작한 작은 사업을 운영하면서 다진 신뢰가 마중물이 되어 더 큰 사업을 할 수 있었다.

신뢰는 로프 줄과 같다

"신뢰가 있으면 아무도 눈치채지 못합니다. 하지만 신뢰가 없으면 모두가 알아챕니다."

워런 버핏의 말이다. 신뢰의 중요성을 이보다 더 명확하게 표현하기도 쉽지 않다. 경영자라면 누구나 신뢰가 기업과 브랜드의 운명을 좌우하는 결정적 요소라는 데 동의할 것이다.

고객에게 제품 구매의 확신을 갖게 하고 나아가 고객 충성도로 이어지기 때문이다. 게다가 소비자들은 불확실한 경제 환경과 경기 침체 속에서 점점 더 신뢰할 수 있는 브랜드를 선호하는 경향이 강해지고 있다. 즉, 신뢰는 예기치 못한 위기 상황에서 기업을 구해주는 구세주와도 같다.

그래서 고객과 협력업체의 신뢰를 받는 기업은 글로벌로 나가도 충분한 승산이 있다. 서로 다른 문화와 가치를 지향하는 환경이더라도 신뢰는 공통 언어처럼 통하기 때문이다. 앞서도 언급했듯이 블랙야크의 중국 진출 1기와 2기의 성패도 여기서 갈렸다고 볼 수 있다. 첫 번째 진출에서 치른 수업료 덕분에 우리는 두 번째 도전에서 중국 고객들의 신뢰와 사랑을 받는 기업이 되고자 많은 노력을 했다. 돈만 버는 게 아니라 수익을 나누겠다는 우리의 의지를 구체적으로 보여주었기에 그들의 신뢰를 받을 수 있었다. 이렇게 공들인 현지화 덕분에 중국에서 해외 브랜드 선호도 1위에 선정되기도 했다.

신뢰가 브랜드를 정의하듯 개인에게도 신뢰는 재능을 넘어서는 경쟁력이 될 수 있다. 그러므로 나를 둘러싼 사람들과의 신의를 최우선 가치로 삼고 성실함과 진정성에 기반해 실력을 쌓아나간다면 기회는 반드시 올 것이다.

  산악인인 나에게 신뢰는 로프를 연상시킨다. 히말라야를 등반할 때 대원들의 몸은 서로 로프로 연결되어 있다. 이때 동료를 신뢰하면서 서로의 안전을 책임진다는 마음을 가져야 성공적인 등반이 가능하다. 특히 극한 상황에서는 로프를 끊어야 하는 순간도 있는데 이때는 누군가가 희생해야 할 수도 있다. 절체절명의 순간, 신뢰가 있는 관계라면 로프를 끊을 때도 '고맙다'는 말을 할 수 있다. 둘 다 죽는 것보다는 혼자 죽는 게 낫고, 내가 동료 대신 희생하는 것이 옳다는 판단을 내릴 수 있는 것도 신뢰가 있기 때문이다. 이처럼 신뢰는 개인과 기업의 운명을 바꾸는 중요한 덕목이다.

산이 나를 채워주었으니
나 또한 산에 돌려주는 것이 당연한 일이라 생각한다.

고객은 9부 능선 위에 존재한다

산 정상 근처에는 언제나 가파른 구간이 존재한다. 마지막 9부 능선 위를 넘어서야 비로소 정상에 오르는 희열을 느낄 수 있다. 나는 바로 그 9부 능선 위에 고객이 존재한다고 생각한다. 그만큼 고객은 가닿기 힘든 존재이자 소중한 동반자다. 물건도 없이 장사를 시작할 때 텅 빈 가게에 들어와서 "뭘 파는 가게예요?"라고 물어보던 손님들이 얼마나 감사하고 소중했는지 모른다. 그때 나의 영업 원칙은 '고객을 고객이라 생각하지 말자'는 것이었고, 그것은 지금도 마찬가지다.

남대문에서 장사를 배울 때부터 손님을 가족 혹은 친구라고 생각했다. 외향적인 성격이 아니고 말주변이 좋지도 않았지만, 손님을 '아우님' '형님' '삼촌' '아버님'이라고 부르면서 내 마음가짐도 달라졌다. 그렇다고 해서 과잉 영업을 하지는 않았다. 그들이 필요한 것이 무엇인지 잘 파악해 그중에서도 가격·품질·디자인 면에서 가장 적합한 것만 권했기에 나날이 단골이 늘어날 수 있었다.

동진사 때부터 이어온 고객들과의 인연은 지금까지도 이어지고 있다. 한번은 1970년 후반에 브라질로 이민을 간 고객이 종로 매장에 찾아오기도 했다. 등산용품이 필요할 때마다 들르곤 했던 우리 매장이 해외에서도 그리웠다고 했다. 그래서 이민 간 지 30여 년 만에 서울에 와서 우리 가게를 찾은 것이다. 다행히도 과거 동진사 자리에는 지금도 블랙야크 매장이 운영 중이다. 52년 된 매장이 여전히 오랜 단골들을 맞이하고 있는 셈이다.

고객이 먼저 찾아오게 하지 마라

'찾아가면 서비스가 되고, 찾아오면 민원이 된다.'

블랙야크 고객 경영의 본질은 이 한 문장으로 정의된다. 고객이 찾아오기 전에 쫓아다니면서 서비스하자는 의미다. 이런 마인드로 고객과 협력업체를 대해야 성장의 기회도 잡을 수 있다. 그런데 우리나라는 제품 하자나 고객 정보 관리 미흡과 같은 문제가 생기면 '고객이 나서서 스스로 해결하게' 되어 있다. 분야를 막론하고 이러한 현상이 벌어진다. 이 부분에 대한 국민들의 자조적인 목소리가 팽배한 것과 관련해 나를 포함한 기업가는 반성해야 한다.

그래서 나는 그 어느 때보다 직원들에게 고객 서비스의 중요성을 강조하고 있다. 나와 회사의 만족이 아니라 고객 만족 차원에서 일의 방향과 속도를 조절해야 한다는 의미다. 오늘날은 매출 지상주의 시대가 아니다. 고객이 공감하지 않는 숫자에 연연해서는 안 된다. 매출 1000억 원을 달성했다고 해도 고객에게 그만큼의 만족을 주지 못하다면 1000억 원이라는 숫자는 모래 위에 지은 성과 다를 바가 없다. 그러므로 매출과 이익만을 성장 지표로 생각해서 목표를 달성했다고 자만하지 말고 '고객의 생각'을 기준으로 삼아야 할 것이다.

그런 차원에서 재구매율은 중요한 지표다. 새로운 고객을 창출해서 매출을 올리는 것은 당연한 일이지만 재구매는 당연하지 않을 수 있다. 고객의 인정을 받아야 하기 때문이다. 무엇보다 인정해 주는 고객이 많아지면 신규 고객의 유입은 자연스럽게 이어진다. 기존 고객들이 신제품의 심사위원 역할을 해주기 때문에 그들의 인정을 받은 제품은 시장성과 제품의 품질을 인정받은 셈이다. 그러므로 신규 고객의 유입보다 재구매율 상승이 더 가치 있는 지표가 될 수 있다.

또한 나는 직원들에게 '남의 고객을 빼내 올 생각은 하지 말라'라고 당부한다. 우리가 해야 할 일은 기존 고객의 지속적인 사랑을 받는 것과 신규 아웃도어 고객을 창출하는 것이지 남의 고객을 빼내 오는 게 아니다. 이 역시 블랙야크 창조 경영에 기반한 상품기획 및 영업의 핵심이다. 남의 고객을 가로채려면 그 회사보다 더 좋은 조건을 제시해야 한다. 이런 식의 영업은 우리의 가치를 스스로 떨어뜨리는 행위이며 결국 망하는 지름길이다. 무엇보다 일시적인 마케팅으로 빼앗아 온 고객은 언제 다시 떠날지 모른다.

　고객 경영에서 가장 중요한 것은 우리가 지닌 본질적 가치에 고객 스스로 매력을 느끼는 것이다. 그래야만 영원한 고객이 될 수 있다. 그런 점에서 우리의 중요한 목표는 키즈라인 고객이 성인이 되어도 블랙야크를 입을 수 있도록 좋은 경험을 주는 것과 알파인 클럽으로 유입된 2030세대가 꾸준히 재구매 고객이 되게 하는 것이다.

고객이 가장 좋아하는 것은 '나를 기억해 주는 것'이다

　50여 년 동안 고객과 함께해 온 나는 그들이 제일 반기는 것이 무엇인지 잘 알고 있다. 바로 '기억해 주는 것'이다. 이는 고객에게 기분 좋은 경험을 선물하는 것으로 거창한 마케팅 프로모션보다 더 큰 영향을 미친다. 앞서 고객은 9부 능선 위에 존재한다고 했다. 그만큼 고객은 쉽게 가닿을 수 없는 까다롭고 현명한 존재이기에 그들의 마음을 사로잡기는 쉽지 않다. 그들은 사은품을 주고 가격을 깎아주는 것보다 자신을 기억해 주고, 자신에게 필요한 것이 무엇인지 잘 알아주는 직원에게 감동받고 브랜드 충성심도 갖는다.

지금도 나는 북한산이나 청계산을 자주 다니면서 고객들을 직접 만난다. 특별한 일정이 없으면 주말에 산에 가는데 그때마다 고객들과 서너 마디 대화를 나누면서 많은 걸 배운다. 2000년 초, IMF 이후 여성 등산객이 많아졌을 때는 3년 가까이 거의 매주 주말에 아침 일찍 산에 올랐다. 그때마다 여성 산악회 회원들이 주로 점심 먹는 곳에 미리 은박지 매트 몇 개를 쭉 펴놓았다. 그러면 다들 아주 좋아했다. 나는 그분들 근처에 앉아 귀동냥으로 공짜 시장 조사를 했다. '어느 매장에 가면 점장이 까칠해서 싫다.' '요즘 맘에 쏙 드는 제품은 뭐다' 등등 회사에 앉아만 있어서는 절대 알 수 없는 생생한 이야기를 들을 수 있었다.

그렇게 현장에서 고객들의 목소리를 들어보면 제품의 품질만큼이나 중요한 것은 물건을 파는 사람의 태도임을 깨닫게 된다. 고객은 아주 사소한 것에 빈정 상하고 이로 인해 오랜 인연의 고리도 끊는다. 그러므로 고객이 부당한 요구를 하더라도 고객이 틀렸음을 입증해 보일 게 아니라 고객 스스로 잘못 생각했음을 깨닫고 받아들일 수 있게 해야 한다. 이것이야말로 진정한 고객 응대이자 한 차원 높은 판매 전략이다. 이러한 고객 중심 사고는 철저한 자기희생이 뒷받침되어야 하고, 고객의 심리를 읽는 순발력을 필요로 한다.

물론 이런 차원의 고객 경영을 위해서는 직원들이 회사에서 제대로 대접받아야 한다. 회사에서 홀대받는데 고객에게 좋은 서비스를 제공할 마음이 들긴 어렵다. 즉, 직원의 만족도가 기업의 운명을 좌우하는 것이다. 물론 모든 직원이 회사를 100% 마음에 들어 할 수는 없다. 하지만 경영자가 직원을 진실하게 대하고 약속을 지키면 불만은 얼마든지 줄어들 수 있다.

고객에게 어떤 경험을 선사할 것인가

주말 이른 아침에 북한산이나 청계산을 가면 등산객들이 블랙야크 베이스캠프에 삼삼오오 모여 있다. 따뜻한

커피를 마시며 설레는 마음으로 등반을 준비하는 이들의 모습을 보고 있으면 나 또한 행복해진다. 산을 업으로 삼아온 지난 세월이 자랑스럽게 느껴지기도 한다. 블랙야크는 산을 사랑하는 이들이라면 누구나 이용할 수 있는 베이스캠프를 짓고 있다. 현재 북한산과 청계산 그리고 지리산에 베이스캠프가 있는데 앞으로 더 많이 지을 예정이다. 이 베이스캠프에서 블랙야크 아카데미를 열어 특별한 교육도 진행하고 있다. 산을 좋아하는 사람들이 모여 전문 강사들과 함께 산행을 하며 정보도 얻고 교육도 받을 수 있는 장을 연 것이다. 이 베이스캠프는 제품 판매를 목적으로 하는 매장이 아니라 지속 가능한 등산 문화를 조성하고 산을 진심으로 사랑하는 이들의 이야기와 경험이 모이는 공간이다. 일종의 광장으로 블랙야크의 정신을 공간화한 것이다. 블랙야크의 베이스캠프에서 앞으로도 아웃도어 문화를 성장시켜 나가려 한다.

  내가 기술력만큼이나 중요하게 생각하는 것은 고객에게 자연과 함께하는 행복감을 선사하는 것이다. 우리 삶에서도 소유와 필요는 잠시일 뿐 궁극적으로는 즐거움을 찾아야 행복할 수 있지 않은가. 당연히 고객들도 블랙야크를 입고 사용하면서 산의 9부 능선을 거쳐 정상에 올라 등산의 즐거움을 만끽하고 자연의 소중함을 느낄 수 있어야 한다. 이를 위해 다양한 산행 프로그램과 트레일 런 등 아웃도어 축제를 진행하고 있다. 중요한 것은 일회성 이벤트가 아니라 매년 개최해서 고객들에게 기다리는 즐거움까지 선사한다는 점이다. 고객을 우리 제품을 사 간 소비자가 아니라 '소중한 인연'으로 여기면서 끊임없이 새로운 경험을 할 수 있도록 기회를 주는 것이다.

이러한 고객과의 소통은 2013년에 '마운틴북'이라는 커뮤니티를 개설하며 본격적으로 시작되었다. 창립 40주년에 맞춰 산을 좋아하는 사람들의 커뮤니티를 만들어 '명산 40'이라는 산행 프로그램도 진행했고, 그다음 해인 2014년에는 '명산 100'으로 규모를 확대했다. 이후 2018년에는 커뮤니티 플랫폼인 '블랙야크 알파인 클럽(BAC)'을 내놓았다. 처음 산행 프로그램이 생겼을 때는 업계가 호황을 누리던 시기였다. 너도나도 공짜 버스를 동원해서 매장과 산을 오가며 고객 유치에 나섰다. 고객을 매장으로 이끌기 위해 기념품에 식사까지 주는 경쟁을 벌이기도 했다. 그러나 우리는 정반대의 노선을 택했다. 참가비에 버스 대여비까지 받은 것이다. 당연히 고객들의 항의 전화가 빗발쳤다. 하지만 우리는 프로그램의 질을 높이고 참가자들과의 유대감을 높이는 전략을 고수했고 결국 좋은 결과를 얻었다.

현재 BAC의 회원은 60만 명을 돌파해 국내 최대 아웃도어 커뮤니티로 성장했으며, '명산100' 프로그램은 코로나 팬데믹 기간 중 젊은 층의 폭발적인 참여를 이끌어냈다. 이는 고객과는 대화하는 수준이 아니라, 같이 행동하는 수준으로 소통이 이루어져야 한다는 고객 경영의 가치를 성공적으로 구현해 낸 사례. 무엇보다 고객들도 자연에서 즐거움을 찾으면 스스로 환경을 보호하는 파수꾼이 되기 마련이다. 블랙야크의 환경운동에 참여하고 재활용 원단으로 만든 옷을 구매하는 고객이 늘어나고 있다는 점이 이를 방증한다. 이것이 바로 내가 궁극적으로 지향하는 경영의 가치다.

블랙야크의 지난 50년이
'자연에서의 생존'을 위한 기록이었다면,
앞으로의 50년은
'자연과의 공존'을 목표로 한다.

장사꾼과
기업가의 차이

―――――

"당신은 장사꾼입니까? 기업가입니까?"

경영자들에게 이런 질문을 하면 누구나 기업가라고 답할 것이다. 장사꾼이라는 말에는 돈만 좇는 생계형 리더라는 인식이 있기 때문이다. 반면에 기업가는 자신의 이익뿐 아니라 고객 만족을 위해, 더 나아가서는 지금보다 좋은 세상을 만드는 일을 꿈꾸고 실현시키기 위해 도전한다. 따라서 끊임없이 새로운 방식을 도입해서 혁신적인 가치를 창조하고자 노력한다. 그래서 기업가 정신은 인류의 발전을 위해서도 중요하다.

또한 기업가는 '왜 돈을 벌어야 하고 어디에 써야 하는지'를 알지만 장사꾼은 잘 모른다. 기업가는 돈을 소유가 아닌 이용 가치로 보고 그 가치를 넘어서는 부를 일구면 사회와 이해당사자들에게 돌려주어야 한다고 생각한다. 그래야만 돈의 가치가 진정한 빛을 발한다는 것을 잘 알고 있다. 돈도 내 곳간에만 쌓아놓으면 흙이나 돌멩이와 다를 바 없다. 이러한 깨달음의 유무가 장사꾼과 경영자를 구별짓는 차이다.

기업가는 사회적 의무를 다한다

장사꾼도 돈을 많이 벌 수 있다. 하지만 돈을 번 후 사업의 방향을 어떻게 가져가야 할지 모르는 경우가 많아서 순식간에 무너지곤 한다. 반면에 기업가 정신을 갖고 있는 경영인이라면 돈을 잘 버는 것뿐만 아니라 '어떻게 잘 써야 할지'에 관해 고심한다. 기업의 미래를 위해 연구개발에 투자하고 인재를 육성하는 데 지원하는 것도 잘 쓰는 방법 중 하나다.

내가 생각하는 기업가는 사회에 기여하는 바가 있어야 한다. 물론 기업은 자사의 이익을 추구하는 경제활동만으로도 사회에 많은 기여를 한다. 제품을 팔아 이익을 내고, 그 이익의 일부를 인건비로 지출해 경제의 선순환을 이끌어내기 때문이다. 또한 좋은 제품을 통해 소비자의 삶을 향상시킨다는 점에서 무형의 가치를 창출한다.

다만 이것만으로 기업이 사회에 제 역할을 다했다고 할 수는 없다. 기업은 경제활동을 하기 위해 도로·철도·통신 등 사회의 기본 인프라를 활용하고 있으며, 국가 차원에서 받는 지원과 혜택도 적지 않다. 그러므로 기업은 이렇게 받은 혜택을 적극적으로 사회에 돌려줘야만 한다. 나는 이를 사회적 책임이 아닌 '의무'라고 말한다. 책임은 안 해도 되지만 의무는 반드시 다해야 한다. 우리나라 국민이라면 누구나 납세, 교육, 병역의 3대 의무를 지켜야만 하는 것과 마찬가지다.

다행히도 이제 기업의 사회 환원은 하나의 선택지가 아니라 필수 조건이라는 분위기가 형성되고 있다. 무엇보다 돈만 좇으면 돈을 벌 수 없는 시대가 되었다. 단순한 이익보다는 지속 가능한 기술력과 사회적 책임을 다하는 기업만이 소비자들에게 사랑받고, 환경 보전과 미래지향적 가치를 갖고 있는 기업만이 살아남는다. 이런 문화가 정착되어야 기업의 가치가 올라가고 더불어 국격도 높아질 것이다.

기업가는 동반 성장을 목표로 삼는다

블랙야크는 오래전부터 다양한 사회 환원 활동을 해오고 있다. 기본 원칙은 '자연 보호'와 '도전 정신'이다. 아름다운 자연환경을 보호함과 동시에 미래의 주역인 청소년과 시련을 딛고 도전하는 다양한 삶을 후원하고 있다. 또한 우리의 목표는 일시적인 캠페인이 아니라 지속적인 후원으로 동반 성장하는 데 있다. 현실의 고통을 극복하고 끊임없이 도전하는 이들의 모습은 우리 직원들의 열정도 되살아나게 해주고 앞으로 더 나아갈 힘을 주기도 한다.

여러 후원 중 소아암 환자인 서성민 군과 히말라야를 등반한 일은 내내 기억에 남는다. 서 군은 히말라야에 가고 싶다는 소망을 KBS에 전달했고, KBS가 나에게 후원을 부탁해 왔다. 나는 서 군과 함께 북한산에서 훈련도 했지만 히말라야 정상까지 올라가는 것은 무리라 해발 3000미터 정도의 푼힐 전망대까지만 올라가기로 했다. 평소에는 1박 2일이면 충분히 올라갈 수 있는 높이지만 목발을 짚고 올라가야 했던 서 군과의 등반에서는 꼬박 4박 5일이 걸렸다. 서 군은 전망대에 오르자 두 팔을 들어 "날아갈 것만 같아요"라며 울먹였다. 퉁퉁 부은 겨드랑이의 고통도 잠시 잊는 듯했다. 그 모습을 지켜보던 우리 일행은 모두 속울음을 삼켜야만 했다.

그로부터 2년 후 안타깝게도 서 군은 암이 재발했고, 당장 수술비 마련으로 큰 곤란을 겪고 있다는 이야기를 듣게 되었다. 당시 수술비가 7000만 원이었는데 서 군 가족이 감당할 수 있는 금액이 아니었다. 나는 이 비용을 마련하기 위해 자서전을 쓰게 되었다. 세종문화회관에서 『오늘도 도전이다』의 출판기념식을 열어서 그날 책 판매 수익금 6000만 원을 수술비로 기부했다. 이런 노력에도 불구하고 서 군은 채 몇 년을 버티지 못하고 세상을 떠났고, 나는 서 군과의 인연으로 소아암 환우를 위한 기부 활동을 시작하게 되었다.

이 외에도 다문화 가정 등 사회 소외계층을 후원하는 활동도 이어가고 있다. 이들이 가난과 사회적 무관심 속에서 삶의 방향성을 상실하지 않도록 도와주고자 한다. 2024년 제주 야크마을에서 다문화 가정 장애인의 결혼식을 개최한 것도 이런 활동의 일환이다. 당시 수많은 사연이 접수되었는데 그중 사고로 하반신 마비가 된 한국인 남자와 결혼을 결심한 중국인 마사지사의 사연이 채택되었다. 제주도청이 선정한 부부였는데 나는 중국인 여성의 헌신적인 사랑에 감명받아 직접 제주도로 내려가서 주례를 서기도 했다.

이처럼 우리의 사회 활동은 거창하지 않다. 하지만 진정성에 기반한 지속적인 후원으로 자립을 도와주는 데 주안점을 두고 있다. 생색내기 후원은 애초에 시작도 하지 않는다. 히말라야 채블룽에 토토하얀병원을 건립하고 학교를 세운 것도 같은 취지에 기반한 것이며, 지금은 그 마을 전체의 산업화를 돕고 있다. 아픈 이들을 위해 병원을 짓고 학생들에게 학교를 지어주는 우리의 봉사 정신은 자신의 모든 것을 내어주는 히말라야의 야크에서 비롯된 것이다.

기업가는 윤리 경영을 중시한다

흔히 '양심도 없다'는 말은 사람에게 쓰지만 이는 기업에도 적용된다. 양심은 사람으로서 마땅히 가져야 하는 바른 마음이자 선악을 판단하는 올바른 가치관이다. 기업도 마땅히 양심을 갖고 부끄러움 없는 경영을 해야 한다. 특히 기업활동을 하면서 상호 영향을 주고받는 이해관계자들에 대해 법적·경제적·윤리적 책임을 다해야 한다. 이는 단순히 리스크 관리 차원의 문제가 아니라 기업의 가치를 규정짓는다.

기본을 지키지 않는 태도는 부정적인 결과로 이어지기 마련이다. 수십 년간 기업을 운영하며 때로는 나의 원칙과 어긋난 상황 때문에 난감함을 느끼기도 했었다. 영업본부의 불법 판매 행위에 대한 민원이 접수되어 감사를 실시하기도 했고, 협력업체와 문제가 생겨 그 과정을 검토해 보니 담당자의 잘못된 판단으로 인한 결과였던 적도 있었다.

그런 순간마다 윤리 경영의 의미를 되돌아보게 된다. 기업인이라면 누구나 윤리 경영을 중시한다. 기업이 단순히 물건을 파는 장사가 아닌 경영을 하려면, 업체 그리고 고객과 함께 성장해야 하기 때문이다. 나아가 기업이 책임감 있고 윤리적인 모습으로 발전하기 위해서는 윤리 경영이 회사 전체의 방향성이 되어야 한다. 경영자가 홀로 원칙을 고수하고자 분투하는 것으로는 충분하지 않다. 회사의 모든 팀과 직원에게 윤리 경영의 의미를 알리고 이를 회사 전체의 태도로 자리 잡게 할 필요성이 있다. 그렇게 올바른 시스템과 문화를 구축해야 한다.

언뜻 들으면 거창한 내용 같지만 그렇지도 않다. 기본만 잘 지키면 된다. 양심에 거리낌 없이 행동하면서 말과 행동을 일치시키려고 노력하면 된다. 물론 경영을 하면서 윤리적 잣대로 모든 것을 판단할 수는 없다. 하지만 가장 윤리적인 방법을 찾아내는 노력은 해야 한다. 직원들에게 이런 노력의 중요성을 강조하고 업무 전반에 적용해 조직 문화로 정착시키면 된다.

유엔이 블랙야크를
주목한 이유

───────

1993년 첫 히말라야 등반 이후 수없이 산을 오르면서 내 마음 한편은 늘 불편했다. 히말라야에서도 빙산이 녹기 시작해 물이 없던 곳에 물이 생겼고, 산 곳곳이 쓰레기로 몸살을 앓고 있었기 때문이다. 산을 사랑하는 등산객이 많아지는 것은 참으로 반가운 일이다. 하지만 그들이 산에 버리는 쓰레기로 청정한 자연환경이 오염되어 본연의 모습을 잃어가는 것은 그저 두고 볼 수만은 없었다.

이후 블랙야크 임직원 및 고객들과 함께 국내외 산의 쓰레기를 수거하는 클린 산행, 히말라야 클린 트레킹, 중국 만리장성 쓰레기 줍기 등의 환경보호 활동을 실천해왔다. 하지만 그것이 환경 문제의 근본적인 대책이 될 수는 없지 않은가. 기업의 경영인으로서 보다 더 본질적이고 지속 가능한 대안 마련이 필요했다. 심사숙고 끝에 내린 결론은 친환경 제품을 생산하는 기업으로서 정체성을 확립하는 것이었다.

이 무렵 블랙야크의 글로벌 시장 진출도 촉매가 되어주었다. 독일 ISPO에서 겪은 쓰라린 시련이 오히려 친환경 제품 생산과 환경운동의 산업화라는 두 마리 토끼를 잡을 수 있는 계기가 된 것이다. 이후 블랙야크는 친환경 제품 개발에 박차를 가하며 본격적인 ESG 경영을 펼치기 시작했다.

유럽 진출의 뼈아픈 실패에서 얻은 새로운 기회

유럽 시장 개척의 꿈을 안고 ISPO에 나가보니 모든 여건이 내 생각과는 달랐다. 디자인이나 품질 면에서 우리 제품이 유럽 시장에서 살아남기 어렵겠다는 판단이 들었다. 하루 종일 전시장 부스를 지키며 유럽 사람들의 반응을 살펴봤지만, 그들은 제대로 된 눈길조차 주지 않았다. 행사 기간 내내 낙담하는 나를 지켜본 스위스 친구가 조심스럽게 말했다.

"Mr, Kang 꼭 유럽에 와야겠어?"

나는 너무 당황한 나머지 아무 말도 못 하고 멍하니 친구의 얼굴만 바라봤다.

"안타깝지만 한국 제품으로는 여기에서 성공하기 어려워."

그는 내게 포기하라고 직접적으로 말하지는 않았다. 하지만 그 말은 힘들게 고생하지 말고 이쯤에서 그만두는 게 어떠냐는 의미였다. 내가 이런저런 조언을 구해도 그는 고개만 저을 뿐 이렇다 할 답을 주지 않았다. 하지만 나는 포기할 수 없었다. 이렇게 쉽게 접을 거였으면 애초에 시작도 하지 않았다.

그로부터 이틀 뒤에 친구가 아이디어 하나를 제안해주었다. 어지간해서는 내가 쉽게 포기할 것 같지도 않고, 그렇다고 해서 이대로 밀어붙이면 결과는 불 보듯 뻔하니 작은 도움이라도 줘야겠다고 생각한 것이다.

"최근 유럽에서도 리사이클 원단으로 옷을 만들기 시작했어. 아직 시장은 크지 않지만 유럽 진출의 새로운 기회가 될 수는 있을 거야."

그 순간 내 머릿속에서 불꽃이 일기 시작했다. 이제 막 시작 단계인 유럽에서 우리가 제대로만 한다면 주목받을 수 있겠다는 확신이 들었다. 한국에 돌아와서도 그 생각에만 골몰했다. 그러던 중 나우 브랜드를 알게 되었다. 나우는 미국 오리건주 포틀랜드에서 시작된 라이프웨어 브랜드로 환경 파괴 없는 삶을 위한 제품 개발을 지향하면서 모든 제품에 지속 가능한 소재를 적용하고 있었다.

나는 곧바로 포틀랜드로 향했다. 애초 방문의 목적은 그들로부터 재활용 원단의 개발 기술을 배우기 위함이었다. 하지만 설립자들을 만나 이야기를 나누는 과정에서 그들의 창업 스토리에 빠져들게 되었다. 나우는 2007년 미국의 포틀랜드에서 나이키 출신 디자이너와 파타고니아의 재생 원단 개발자 등이 의기투합해 만든 브랜드다. 나는 그들의 창업정신이 블랙야크가 지향하는 자연과의 지속 가능한 동반과 일맥상통하다는 것을 확인하고는 자주 만나 대화를 나누었고 박람회에서도 종종 만남을 이어갔다. 그 과정에서 좋은 취지로 만들어진 브랜드가 시장성을 확보하지 못해 더 이상 투자를 받지 못하는 어려운 상황에 처해 있음을 알게 되었다. 그래서 아예 나우를 인수하기로 마음먹었다.

2014년 나우 인수 이후 재활용 원단 개발에 대한 의지는 점점 더 확고해졌다. 시장 조사를 해보니 아시아에서는 대만의 섬유업계가 리사이클 원단을 생산하고 있었다. 하지만 품질이 좋지 않고 대량 생산을 하지 않아서 가격이 비싼 탓에 소비자의 반응도 신통치 않았다. 그렇다면 블랙야크의 재활용 원사 개발은 이러한 문제점을 타개할 대안 마련에서 시작되어야 했다. 품질 좋은 재활용 원사를 만들어서 제품 개발에 적극적으로 활용하고, 대량 생산을 통해 원가를 낮추어 더 많은 소비자가 제품을 경험할 수 있게 해야겠다는 목표를 세웠다.

이를 위해서는 외국의 재활용 원단을 수입해서 제품을 만드는 관행을 답습해서는 안 될 일이었다. 우리나라의 폐페트병을 재활용해서 직접 원사를 만들고 제품 개발 및 생산과 유통까지 환경 제품의 산업화를 위한 밑그림을 그려야겠다고 마음먹었다. 더군다나 당시 우리나라는 플라스틱 포장재 제조량 세계 2위이자 플라스틱 소비량은 세계 3위 국가에 해당했으니 이 문제를 해결하기 위해서라도 국내 폐페트병 활용은 중요했다. 우선 페트병을 수거하고 원사를 생산하는 시스템을 구축하고 운영할 사내 TFT 팀이 필요했다.

대리가 팀장, 상무가 팀원인 역발상 조직

"이봐, 정 대리. 자네가 뉴 라이프 텍스 TFT의 팀장을 맡아보게나."

"네? 제가요. 회장님?"

"그래, 자네가 적임자야. 소신껏 한번 해봐."

2019년 K-rPET 자원 순환 프로젝트의 TFT 출범을 앞두고 팀 구성을 고민하던 중 또 한 번의 모험을 감행했다. 팀장에 대리급 직원을 임명한 것이다. 독일 시장 진출을 준비할 때도 일명 '오대리'라고 불린 다섯 명의 대리가 핵심적인 역할을 했기에 이번 프로젝트에서도 그 전략이 통할 거라고 확신했다.

내가 대리급 직원에게 팀장 역할을 맡기는 데는 두 가지 이유가 있다. 첫 번째 이유는 업무의 창의성에 있다. 관리자급이 팀장이 되면 업무 속도는 빠를 수 있지만, 팀원들은 그저 '시키니까 한다'는 소극적인 마인드에서 벗어나기 어렵고 소통도 쉽지 않다. 문제가 발생하면 '윗사람이 해결하겠지'라는 안일한 생각에 빠져 창의적인 발상이나 스스로 헤쳐나갈 궁리도 안 한다. 반면에 실무자급이 팀장을 맡으면 소통이 원활해서 평사원에서 상무까지 다양한 직급의 직원들이 서로 시너지를 내면서 협업할 수 있다. 임원은 행정적인 영향력을 발휘하고 각기 다른 팀의 구성원들은 실무적 협업과 사내 홍보까지 저마다의 특장점을 살려 임무를 수행한다.

두 번째 이유는 업무의 연속성 때문이다. 직급이 높은 사람이 일을 주도하다가 회사를 나가버리면 업무 지속성에 차질이 생긴다. 임원은 매년 고용계약을 하는 대상자이기에 상대적으로 이직도 잦다. 반면에 대리급은 가장 오래 일할 수 있을뿐더러 가장 열심히 공부하고 의욕적으로 일한다. 그런 관점에서 나우 브랜드 론칭에 참여한 경력이 있는 정회욱 대리는 최적의 적임자였다.

"뉴 라이프 텍스 TFT는 없어지기 위해서 존재하는 팀입니다."

프로젝트를 시작할 때 내가 제시한 전제 조건이다. 특정한 미션이 달성되면 사라진다는 의미가 아니다. TFT의 정신을 조직 전반과 직원들에게 내재화시키는 것이 목적이고, 그것이 달성되고 나면 따로 팀이 존재할 이유가 없기 때문이다. 실제로 TFT의 정신은 회사 내 문화와 철학으로 안착되었다. 구성원들은 각자 자신의 부서에서 재활용 캠페인의 정신을 전파하면서 업무에 녹여내고 있다. 재활용 원사로 주력 제품을 생산하는 것뿐 아니라, VMD · 인테리어팀 · 물류팀의 경우 옷걸이와 박스 등 물품 제작 시 자발적으로 재활용 소재를 적극 활용하고 있다.

현재 '뉴 라이프 텍스 TFT'는 사라졌다. 대신 '그린야크 TFT'라는 팀이 초창기 업무와 정신을 이어받아 업무 영역을 확장하여 프로젝트를 지속하고 있다. 현재 이 프로젝트는 기업의 자원 순환 운동의 대표 사례로 인정받고 있다. 하지만 나에게 더 큰 사랑거리는 직원들이 '블랙야크여서 가능한 일'이라는 자부심을 갖고 있다는 점이다.

물레방아 돌리듯 협업하고 상생해서 이룬 혁신

K-rPET 자원 순환 프로젝트의 궁극적인 목적이자 성공의 비결은 '산업화'와 '협업 시스템'에 있다. 산업화란 폐페트병을 수거하는 활동에서부터 재활용 원사로 완제품을 생산해 판매하기까지의 전 단계를 시스템화한 것을 의미한다. 페트병의 수거 지침을 안내하는 지자체부터 페트병 수거 업체와 재활용 업체, 원사 업체와 블랙야크의 생산업체 그리고 소비자를 연결해 선순환 구조를 만든 것이다.

이처럼 공급망 시스템을 완벽하게 구축해서 쉼 없이 협업할 수 있었던 비결은 업체 모두 각자 이익을 내는 상생의 생태계가 조성되었기 때문이다. 국가로부터 재활용 지원금을 받는 폐기물 재생업체는 실적이 증가하면 더 많은 지원 금액을 받을 수 있고, 우리가 제품을 더 많이 만들면 재활용 원사를 제작하는 업체 또한 이익이 늘어나기 마련이다. 이렇게 함께 이익을 내는 구조가 만들어지면 협업은 계속될 수 있다. 물이 흐르는 동안 물레방아가 멈추지 않는 것과 같은 이치다.

우리 회사에서도 제품 생산 시 친환경 소재의 활용 비중이 매년 올라가고 있다. 봄여름 시즌의 경우 그 비중이 30~35퍼센트 정도까지 올라간다. 게다가 특정 상품에만 들어가는 게 아니라 다양한 제품에 적용되고 있다. 이것이 타 기업과의 차이점이다. 국내 친환경 패션 브랜드들도 친환경 제품을 생산하고는 있다. 하지만 일부 상품에 국한되어 있으며, 재활용 자재의 가격이 높다 보니 기존 체계대로 제품을 기획하면 기업에서 적정 이윤을 취하기 어려운 상황이다. 그렇다고 가격을 올리면 소비자들의 구매 동기는 줄어들어서 결국에는 상징적인 행위에 그치고 만다. 취지는 좋지만 소비자가 기존 제품 대신 친환경 제품을 선택할 때 환경 개선 효과가 비로소 실현되기 때문에 우리 회사는 다양한 제품에 친환경 소재를 사용하고자 신경을 쓰고 있다. 또한 모든 친환경 제품의 완성도를 높이기 위해 노력하고 있다.

K-rPET 자원 순환 프로젝트의 또 다른 성공 비결은 '협업'이다. 협업은 동종업계끼리 하는 것보다 이종업체들이 하나의 가치를 실현하기 위해 컨소시엄을 만들어서 물레방아가 돌아가듯 쉼 없이 시너지를 만들어가는 것이

가장 이상적이다. 그 대표 사례가 바로 K-rPET 자원 순환 시스템이다. 가령 지속적으로 해당 원단을 소비해 줄 업체가 있기 때문에 제작사들도 기술력 강화에 더욱 힘쓰게 되었고, 덕분에 우리의 자원 순환 기술에 관심을 갖는 기업도 늘어나고 있다. 코카콜라, 스타벅스, 맥도날드와 같은 글로벌 기업뿐 아니라 중앙정부, 지방자치단체, 국방부와 경찰과 같은 공공기관과도 파트너십을 맺고 있다. 현재 우리가 재활용한 원사로 만든 제품을 적극 사용하고 있는 유관 파트너는 45개 정도다.

세상을 변화시키는 혁신은 혼자만의 힘으로 이룰 수 없다. 우리의 환경운동도 다양한 이해관계자들과의 신뢰와 공동의 이해에 기반한 활동이기에 지속적인 성과를 낼 수 있었다. 다음 단계의 목표는 더 많은 혁신가의 동참을 이끌어내서 기업의 사회적 가치를 경제적 가치로 이어지게 하는 지속 가능한 생태계를 확대해 나가는 것이다.

우리의 이러한 의지는 최근 네팔에서 열린 기후협약으로도 이어졌다. 지난 7월 네팔에서 '히말라야 기후 헌장 2025'가 발표되었고 우리 회사가 공동 주최 기업으로 선정되었다. 이 헌장은 히말라야가 직면한 기후 위기 문제를 공유하고, 기후 정의 실현을 위한 원칙과 실천 방안을 담고 있다. 그날 나는 현장에 참석해 히말라야에 헤리티지를 둔 블랙야크의 환경보호에 관한 소명을 다시 한번 되새겼다. 이는 전 세계 정상이 모인 영국 글래스고의 유엔 기후 관련 총회에서 우리의 환경 프로젝트를 선보였을 때만큼이나 감개무량한 일이었다.

자원 순환을 위한 두 번째 과제에 도전하다

2021년에는 영국 글래스고에서 열린 유엔 기후변화협약 당사국총회(COP26)에 블랙야크가 초청받았다. 그해 정부가 우리 회사에 '한국판 뉴딜상'을 수여한 데 이어, 세계 무대에서도 환경 경영 우수 사례로 우리 프로젝트를 인정해 준 것이다. 유엔의 자발적 공약 국제 친환경 인증을 받은 것도 한몫했다.

국내에서 사용된 페트병을 재활용하자는 취지로 시작한 프로젝트가 오늘날에 이르기까지 그 과정도 순탄치만은 않았다. 단계마다 난제와 복병을 만나 숱한 시행착오를 겪어야만 했고, 이를 극복하는 과정에서 다양한 혁신을 이루어냈다. 하지만 우리는 결코 이러한 성과에 안주하지 않는다. 블랙야크다운 미래지향적인 태도로 또 다른 프로젝트를 준비해 나가고 있다. 바로 '옷 재활용'이다. 폐페트병으로 옷을 만드는 것은 자원 순환 차원에서 좋은 일이지만 그 옷이 버려지면 다시 환경에 악영향을 미친다. 자연에서는 썩지 않기 때문이다. 그래서 옷을 재활용하는 것이야말로 화석연료를 보다 덜 쓰는 본질적인 자원 순환 방법이다.

섬유 재활용 프로젝트는 이미 진행 중이다. 현재 재활용이 가능한 옷을 화학적으로 분해하고 원료화하기 위한 시스템을 구축하고 있는데 역시나 쉽지 않다. 곳곳에서 해결해야 할 문제가 발생하고 있다. 재활용이 가능한 투명 페트병만 모으는 일이 힘들었던 것처럼 재활용 가치가 높은 폐의류만 모으는 일도 쉽지 않다. 이를 위해 다시 한 번 행정기관과 지자체 그리고 각 분야 플레이어들과의 협업을 구상 중이다.

경영자라면 누구나 하버드대 린다 힐 교수의 '집단 천재성의 힘'을 믿는다. 나는 실제로 환경 운동을 하면서 인지 다양성이 얼마나 위대한 혁신을 만들어내는지 경험한 바 있다. 앞으로도 다양한 구성원과 함께 진정한 순환 경제를 완성하고 환경을 보호하는 새로운 신화를 써나갈 것이다. 그 사례 중 하나가 바로 히말라야 기후 위원회 발족이다.

네팔 카트만두에서
히말라야 기후 헌장 2025를 선언하다

나에게 네팔과 히말라야는 단지 여행지나 등반지가 아니다. 그곳에서 소중한 인연들도 만났으며, 블랙야크의 탄생과 글로벌 기업으로의 도약까지 사업상 크고 작은 시련을 겪을 때마다 용기와 기운을 얻었다. 그런데 요즘은 히말라야를 생각하면 걱정이 앞선다. 지구온난화와 이상기후로 인해 히말라야마저 몸살을 앓고 있기 때문이다. 지구환경의 바로미터로 불리는 히말라야는 수십억 명에게 물을 공급하는 중요한 수자원이기도 한 만큼, 히말라야 환경 보존은 더 이상 선택이 아닌 책임과 의무라 할 수 있다.

그동안 우리는 히말라야의 쓰레기를 줍는 캠페인과 아이스폴 닥터 팀을 공식 지원하는 등 다양한 환경 정화 활동과 재건 활동을 이어갔다. 하지만 우리만의 활동으로는 분명한 한계가 있음을 절감했다. 히말라야가 맞서고 있는 거대한 변화는 몇몇 사람과 기업의 노력만으로는 충분치 않다. 이제는 더 많은 나라, 더 많은 공동체, 더 많은 개인이 함께하며 지속 가능한 미래라는 정상을 향해 발걸음을 한데 모아야 할 때라고 생각했다.

이에 블랙야크는 2025년 7월 네팔 카트만두에서 네팔등산협회(NMA), 쿰부 파상 라무 지역자치구, 사가르마타 오염 통제 위원회(SPCC)와 함께 '서밋 포 어스(Summit for Earth)'를 공동 주최했다. 이날 행사에서는 각국 정부 및 국제사회의 관심과 연대를 촉구하며, 히말라야 기후 위원회(Himalayan Climate Committee, HCC) 발족을 포함한 구체적인 로드맵을 제시하고 '히말라야 기후 헌장 2025'를 발표했다. 이 헌장은 히말라야가 직면한 기후 위기 문제를 공유하고 기후 정의 실현을 위한 원칙과 실천 방안을 담고 있다.

이번 서밋 포 어스는 '기후 변화에 대항하는 제품을 생산하고 청정한 환경을 위해 노력한다'는 블랙야크의 소명을 되새기는 소중한 기회가 되어주었다. 우리는 이날 히말라야에서 외친 메시지가 지구 곳곳에 울려 퍼지고, 그 외침이 행동과 변화로 이어질 수 있도록 가장 먼저 앞장설 것이다.

1평짜리 베이스캠프가
3만 평 야크마을로

———

제주도는 사계절 내내 각기 다른 매력을 지니고 있다. 그 중 4월에는 유채꽃과 벚꽃이 푸른 바다와 어우러져 눈부실 정도로 아름다운 풍광을 펼쳐낸다. 그 황홀한 계절이 오면 야크마을에는 전국 각지에서 트레일 러너들이 모여들어 어느 때보다 활기가 넘친다.

'블랙야크 트레일 런 제주' 행사 날이면 새벽부터 야크마을 정문에 1000여 명의 러너들이 운집한다. 이들은 한라산 둘레길을 경유하는 왕복 50킬로미터가 넘는 거리를 달린다. 이 행사는 BYN블랙야크그룹이 창립 50주년을 맞은 2023년부터 시작해 매년 시행하고 있다. 나는 그들과 함께 뛰지는 못하지만, 그들이 한라산 돌오름길과 천아계곡을 지나 어리목 탐방로를 달리는 모습을 떠올리면 가슴이 벅차오른다.

2022년 4월 개관한 야크마을은 내 고향 마을인 서귀포시 예래동 일대에 조성한 관광 휴양 단지다. 숱한 어려움 속에서도 사업의 버팀목이 되어준 나의 고향이자 천혜의 자연환경을 품은 이곳에 블랙야크의 자연 친화적인 경영 철학을 구현할 또 하나의 베이스캠프를 지은 셈이다. 야크마을 건립은 히말라야의 척박한 환경 속에서도 인간과 공생하는 야크로부터 영감을 얻었다.

일생을 인간을 위해 자신의 모든 것을 희생하는 동물인 야크는 나에게 '경영인으로서 사회에 무엇을 기여할 것인가?'에 대한 화두를 던져주었다. 그 고민의 결실 중 하나가 바로 야크마을이다. 이곳에서 제주인들은 세상을 향한 꿈을 키우고, 육지인들은 제주의 자연으로부터 영감을 받아 자신만의 인생을 설계해 나갈 힘을 얻기를 바라는 마음을 담았다. 또한 야크마을을 중심으로 블랙야크의 나눔재단 및 장학재단과 연계해서 소외계층을 지원하는 사업도 이어나가고 있다.

이처럼 좋은 취지로 시작한 일이지만, 건립 과정에서 여러 어려움을 헤쳐나가야 했기에 10년이라는 시간이 소요되었다. 수많은 땅 주인들의 사정을 헤아려 농지를 매입하는 과정부터 복합 문화 공간에 맞는 허가를 받기 위한 과정까지 넘어야 할 허들이 끊이지 않고 이어졌다. 전례가 없는 사업이라 제도적·법률적 이견을 조율하는 데도 많은 시간과 인내가 필요했다. 그럼에도 불구하고 나의 오랜 꿈을 담은 야크마을 건립의 취지를 살리기 위해 최선의 노력을 다했다.

준공식 날의 감회는 남달랐다. 동대문의 1평짜리 노점에서 시작한 사업이 중국의 만리장성을 넘어 3만여 평의 야크마을 조성에 이르기까지 얼마나 지난한 과정을 거쳐 왔던가. 그 모든 과정은 이 순간을 위한 것이었으리라. 제주 4.3사건 때 돌아가신 아버지와 가난한 살림에도 억척스레 아들을 뒷바라지해 준 어머니가 더없이 그리운 날이었다.

나를 키운 8할은 제주와 한라산이다

　나는 제주의 바닷가 작은 마을 예래동에서 나고 자랐다. 외지인에게는 다소 낯선 동네여서 중문관광단지 내에 있는 마을임을 설명해 이해가 쉽다. 중문관광단지라고 하면 아름다운 해안선을 따라 즐비하게 들어선 호텔들을 떠올리기 쉽지만, 예래동은 관광지라기보다는 제주의 옛 정취를 보전하고 있는 전통적인 마을에 가깝다.

　뒤로는 군산오름이 마을을 포근하게 감싸안고 있으며, 바닷가 쪽으로 나가면 민물과 바닷물이 만나는 논짓물과 예래천이 바다와 만나는 갯깍이 신비로움을 자아낸다. 논짓물은 수심이 얕아서 동네 아이들의 놀이터였다. 논짓물 앞 해변을 따라 좀 더 올라가면 갯깍 주상절리대가 펼쳐진다. 제주 바다를 떠받치며 치솟은 주상절리가 수십 미터 높이의 병풍 같은 절벽을 만들어 장관을 이룬다. 어릴 적에는 그 앞바다를 수영장 삼아 놀곤 했다. 그러다가 친구들과 예래천을 따라 반딧불이 보호구역으로 올라가서는 반딧불을 잡아 호박꽃 속에 가득 넣고 휘휘 돌리면서 다녔다.

예래동만큼이나 나를 키운 것은 한라산이다. 어릴 적 집에서 키우던 소가 풀을 찾아 한라산까지 올라가면 나도 따라갔다. 가축들이 먹을 물이 있는 곳을 찾아 여기저기 다니면서 백록담과 왕관릉의 위엄에 반하고, 깊숙이 숨어 있는 계곡들을 찾아내는 즐거움에 시간 가는 줄 몰랐다.

중학교 3학년 때는 체육 선생님의 인솔하에 친구들과 2박 3일 동안 한라산을 오른 적이 있다. 야영이라고는 했지만 제대로 된 장비 하나 없이 오른 터라 노숙 수준의 산행이었다. 학교에서 출발해 영실을 거쳐 오백나한 쪽으로 올라가는 장거리 코스였는데 그때만 해도 제대로 된 등산로도 없어서 이어졌다 끊어졌다 하는 희미한 등산로를 따라 산을 올랐다. 그러다 길이 없는 가파른 곳을 만나면 계단을 만들어가며 올라갔다. 친구끼리 서로 밀어주고 당겨주며 갖은 고생 끝에 다다른 한라산 정상의 위엄은 그간의 힘듦을 싹 잊게 하는 신비로운 힘이 있었다.

그날의 산행에서 느낀 성취와 희열은 두고두고 내 인생에 소중한 자양분이 되어주었다. 아무리 힘든 시련일지라도 목표를 향해 가는 길목에서 만난 시련은 견딜 수 있다는 것을 깨달았으니 이보다 더 귀한 배움이 있을까. 이런 경험들이 나를 히말라야 등정에 도전하게 해주었고, 국내 최초의 글로벌 아웃도어 브랜드를 만든 창업자로 이끈 것이다. 이처럼 제주도는 유년 시절 나를 품어준 섬이자 한라산에서 히말라야, 동진레저에서 블랙야크까지 끊임없이 도전하는 정신을 키워준 삶의 원동력이기도 하다. 어느 날 갑자기 내가 산악인이 되어서 히말라야를 찾고 아웃도어 브랜드를 만든 게 아니다.

야크마을, 모두의 인생 베이스캠프가 되길

제주도는 숱한 태풍과 폭우에도 그 흔적을 남기지 않는다. 구멍 난 화산암 하천은 물이 범람하더라도 이내 말라버리고, 태풍에도 나무와 풀들은 살아남아 온전히 그 아름다움을 선사한다. 나는 제주의 이런 강인한 생명력을 내 것으로 만들기 위해 애써왔다. 작은 화산섬으로 4.3 사건이라는 가슴 아픈 역사를 지니고 있지만, 이제 제주도는 전 세계인이 함께 보전해야 할 환경 자산이 되었다.

이렇게 소중한 제주도를 위해 이제는 내가 헌신할 차례

다. 그동안 서울제주도민회장, 재외제주도민회장 등을 맡아 일했고 현재는 제주도정책자문위원직을 수행하고 있다. 아울러 제주도의 발전을 위해 청년층을 위한 교육과 사회 진출을 도울 다양한 방법을 모색 중이다. 일례로 야크마을 본관 2층 교육실은 제주 청년들의 배움터로 자리매김했다. 제주는 지역적 특성상 좋은 강연자를 모시기 힘든데, 야크마을과 내가 그 가교 역할을 하고 있다. 나아가 제주의 작은 학교 역할을 할 수 있도록 발전시킬 예정이다.

그 외에 제주의 청청한 자연 생태계를 보전하는 것도 나의 임무다. 얼마 전 아주 오랜만에 군산오름에 오르면서 새삼 제주의 장엄한 자연환경에 감탄했다. 초등학교 때 친구들과 소풍 다니던 그곳은 한라산과 쪽빛 하늘 그리고 바다가 한눈에 들어오는 제주에서 가장 아름다운 오름으로 손꼽힌다. 그날은 일출을 보기 위해 이른 새벽부터 야크마을을 나서서 군산오름으로 향했다. 제주의 매서운 바람을 맞으며 한라산 위로 해가 떠오르기를 기다리는 그 시간은 언제나 설렌다. 새벽 6시가 조금 지난 시각, 여명과 함께 떠오른 해는 한라산 자락에서 남서쪽 바다까지 그 장엄한 기운을 뿜어냈다. 이토록 아름다운 제주의 자연을 모든 이들이 오랫동안 누릴 수 있도록 제주의 생태계를 보전하는 일은 나의 마지막 소명 중 하나다. 야크마을이 그 밑거름이 되어줄 것이며 나아가 제주 지역사회에도 보탬이 되도록 할 것이다.

무엇보다 야크마을은 블랙야크의 지향점을 고스란히 담아냈다. 미국에서 가장 청정한 지역인 포틀랜드에서 태어난 나우의 환경철학과 하늘이 베푼 은혜라 불리는 네팔의 정기를 우리나라에서 가장 아름다운 자연환경을 품은 제주에 구현해 냈기 때문이다.

BYN블랙야크그룹의 BYN은 'Basecamp In Your New Life'의 약자로, 고객의 삶이 행복해질 수 있도록 우리 회사가 삶의 베이스캠프로 자리하겠다는 포부와 의미를 담고 있다. 야크마을은 이러한 회사의 지향점을 대표하는 이정표라 볼 수 있다. 야크마을을 통해 고객이 마음껏 다양한 세상과 마주하고 무한한 경험을 할 수 있는 공간을 구현하고 있기 때문이나. 제주의 자연을 사랑하는 이들이라면 누구나 이곳을 또 다른 인생의 베이스캠프로 삼아 행복한 시간을 보내며 삶의 균형을 찾길 바란다.

함께 성장할 방법을 모색하는 것이
결국은 나도 잘 사는 방법임을 몸소 깨달았다.
기회를 나누는 것도 상생의 길이다.

경영자의 마음으로 삶을 경영하라

**인생
경영**

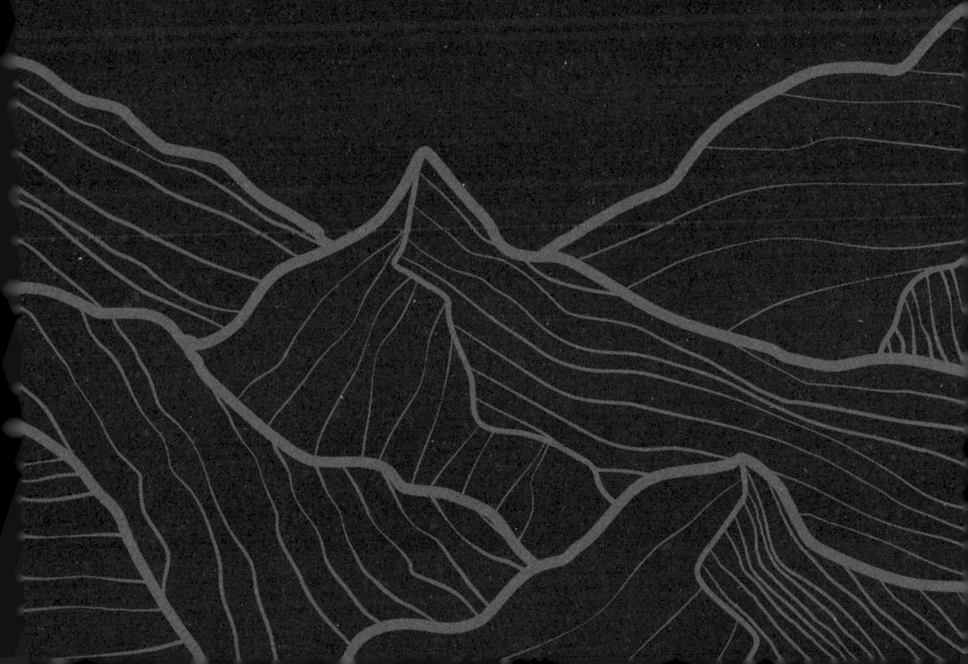

" '나는 무엇에 미칠 수 있는가?'를 아는 것이
곧 인생의 나아갈 방향이자
창업의 최우선 조건이다.
무엇을 해서 돈을 벌지가 아니라
내가 어디에 미쳐서
끝까지 해낼 수 있는가를 고민해야 한다.
돈에 미치면 절대 끝까지 갈 수 없다.
내가 가장 잘할 수 있는 것이 무엇이며,
모든 걸 걸 수 있을 정도로
좋아하는 것은 무엇인지 찾아야 한다.
그것에 몰두하면 돈은 따라오기 마련이다."

세계를 무대로
꿈을 펼칠 젊은 창업가들에게

———

우리나라는 10여 년 전부터 미국과 중국의 틈바구니에서 샌드위치 신세라는 말을 들어왔다. 최근 반도체 산업에서는 대만에 밀리고 있으며, AI 분야에서는 앞선 나라들을 뒤쫓아 가기도 힘든 상황이다. 그런데 이런 부정적인 사고에 갇혀 자조적인 말만 하는 것은 일말의 가능성마저 제 발로 걷어차는 것이나 다름없다. 말 그대로 덩치 큰 고래들의 싸움에 휘말린 새우 신세를 면치 못한다. 하지만 생각을 바꾸면 미국과 중국 사이에서 자유자재로 유영하는 돌고래는 될 수 있다. 중요한 것은 발상의 전환이다.

일전에 우리나라 해수부가 '거꾸로 세계지도'를 제작한 적이 있다. 세계지도를 뒤집어놓은 것인데 그 지도 속에서 우리나라는 더 이상 대륙의 끄트머리가 아닌 넓은 대양 한가운데에 위치해 있다. 유라시아 대륙을 발판으로 삼아 드넓은 태평양을 향해 힘차게 솟구치는 모습이다. 이렇게 세계지도를 거꾸로 보면 한반도는 강대국들이 호시탐탐 노리는 먹잇감이 아니라 대륙으로 가는 전략적 요충지이자, 오대양으로 뻗어나갈 수 있는 무한한 잠재력을 지니고 있다. 얼마나 진취적인가.

이 땅의 젊은이들도 한반도의 역발상처럼 자신이 처한 현실을 뒤집어서 생각해 봤으면 좋겠다. 그러면 내가 그랬듯이 현실이 허락하지 않아도 가슴이 원하는 일이라면 과감히 도전해 볼 용기가 생긴다. 다들 안 된다고 해도 될 이유를 찾아서 우직하게 한 발 한 발 나아가면 분명 길이 보일 것이다.

환경을 탓하지 말고 내 안의 길을 찾아라

1970년대 우리나라 건설기업들은 중동 진출을 앞두고 있었다. 이때 박정희 대통령이 관료들을 중동으로 파견해 현지 조사를 지시했다. 그런데 그들은 하나같이 '아무것도 할 수 없다'는 부정적 결과를 보고했다. '온통 모래 투성이에 비는 오지 않고 무더운 날씨만 지속된다' 등 사막의 악조건만 들먹였다. 이에 박 대통령이 정주영 회장님을 불러 관료들의 현지 조사 결과가 비관적이라고 했더니, 정 회장님은 오히려 반색했다. 그 악조건들이 모두 호재라는 것이다.

"비가 오지 않으면 1년 내내 공사가 가능합니다. 그리고 건설의 기본 자재인 모래와 자갈이 사방에 널려 있으니 자재 조달도 용이합니다. 한낮에는 무더위 때문에 일을 못 하니 낮에는 자고 밤에 일하면 되고, 물이 없으면 물을 끌어 올 수로를 먼저 공사하면 됩니다."

관료들의 눈엔 중동의 모든 환경이 악조건이었지만 정 회장님의 생각은 달랐다. 이후 정 회장님은 중동 진출을 진두지휘하면서 9억 3000만 달러짜리 사우디아라비아

주베일 산업항 공사를 수주했다. 당시 국가 예산의 30%에 해당하는 어마어마한 금액의 공사였다.

  남들과 다른 성공을 꿈꾼다면 남들처럼 생각해서는 안 된다. 창업자는 무에서 유를 창조한다는 자부심과 각오로 세상을 바라보는 관점부터 바꿔야 할 것이다. 특히 세계를 무대로 창업을 꿈꾸는 이들이라면 자신만의 목표를 분명히 해야 한다. 나는 지금 블랙야크를 세계적인 브랜드로 키우겠다는 꿈에 도전하고 있다. 그것이 바로 내 안에서 찾은 길이다.

  20대 초반, 내성적인 성격에 제주도 사투리까지 썼던 나에게 영업은 넘을 수 없는 허들처럼 느껴졌다. 손님을 대할 때마다 우물쭈물하고 한없이 작아져만 갔다. 하지만 이대로라면 등산장비 업계에 진출하겠다는 나의 꿈은 멀어질 수밖에 없겠다는 절박함에 매일매일 조금씩 달라져 보자는 각오가 생겼다. 밝게 인사하는 것을 시작으로 손님이 없을 때는 제품을 설명하는 연습을 하고, 밤에 집에 가서는 이불을 뒤집어쓰고 서울말을 연습했다. 그런 노력 덕분에 단골손님이 늘어가자 어느 날부터는 손님의 표정과 시선만 봐도 무슨 제품을 원하는지 알 수 있었다.

그 무렵부터 등산장비 시장의 규모가 커지자 더욱 구체적으로 나만의 브랜드를 꿈꾸게 되었다. 이렇게 내 안에서 찾은 길은 훗날 블랙야크를 탄생시켰고 글로벌 경영의 출발점이 되어주었다. 남들이 뭐라 하든 내가 가야 할 길을 스스로 찾아냈기에, 시련과 역경이 닥쳐도 의지가 주는 무한한 가능성을 믿으며 조금씩이라도 앞으로 나아갈 수 있었다.

아웃도어 시장에 대기업이 뛰어들어 포화 상태가 되었을 때나 정부의 정책이 바뀌어 등산장비 업계에 큰 위기가 왔을 때도 길은 언제나 내 안에 있다고 믿었다. 불평불만으로 시간을 낭비하기보다는 목표를 더 높이 잡고 이를 달성하기 위해 온 힘을 다하는 데 집중했다. 명확한 목표가 있으면 아무리 길이 험난해도 앞으로 나아갈 수 있다. 반면 목표가 분명하지 않으면 스스로 발길을 돌리고 만다.

열정이 추진력이라면, 긍정은 지속하는 힘이다

다만 목표가 분명하다고 해도 그것에 도달하기까지 열

정을 지속시키는 힘은 있어야 한다. 그것은 바로 긍정이다. 하지만 내가 생각하는 긍정은 무조건 다 잘될 거라고 믿는 낙천적 사고방식을 의미하지 않는다. 긍정은 '주어진 상황을 포용하는 힘'이다. 긍정적인 사람은 남의 충고나 새로운 정보를 받아들이는 데 능하기 때문에 생각이 열려 있다. 그래서 열정이 추진력이라면 긍정적 마인드는 지속력이다.

누구나 처음에는 세상을 집어삼킬 듯한 기세로 시작한다. 열정 없이 목표에 도전하는 사람도 없다. 하지만 한두 번의 좌절만으로도 열정은 금세 사그라들기 시작하고 자신의 선택에 의구심을 갖는다. 부정적인 생각에 휩싸여 문제 해결을 위한 노력보다는 불평불만을 일삼는다. 산을 오를 때도 마찬가지다. 산악인이라면 누구나 히말라야 정상에 오르겠다는 열정을 품는다. 그렇지 않고서는 목숨을 담보로 고통스러운 산행에 나서지 못한다.

하지만 열정만 있으면 오버 페이스를 하여 정상에 미치지 못한 채 하산하거나 때로는 위험한 상황에 처하기도 한다. 원정대 대장은 '살아만 있다면 다시 오를 수 있다'는 긍정적인 마인드로 냉정한 판단을 할 필요가 있다. 악조건을 극복하려는 열정과 함께 주어진 상황을 겸허히 받아들이고, 언제고 다시 오르면 된다는 긍정적인 마인드를 가져야만 스스로를 절제하고 미연의 사고를 막을 수 있다.

나는 무엇에 미칠 수 있는가

"와, 국산 배낭인데 이렇게 좋단 말이야?"

동진레저를 막 시작했을 무렵, 고객들 사이에 이런 입소문이 퍼져 우리 제품이 날개 돋친 듯 팔리는 상상을 하곤 했다. 하지만 현실은 녹록지 않았다. 제대로 된 장비를 만들 기술도 자금도 없었기에 가내수공업 수준으로 겨우 소량만 만들어 내놓았지만 안 팔리는 경우가 많았다. 하지만 낙담하지 않았다. 막막한 상황이었지만 나는 계속 돌파구를 찾아나갔다. 그럴 수 있었던 건 내가 선택한 일이었기 때문이다.

누가 시켜서 하는 일이 아닌 내가 좋아서 시작한 일이었기에 쉽게 포기하지 않았고, 아무리 힘들어도 '피할 수 없다면 즐겨라'의 마음가짐으로 임했다. 이는 책임감보다 더 큰 원동력이 되어준다. 잠자는 시간을 제외하고 깨어 있는 동안에는 줄곧 블랙야크와 산에 대해서 생각하고, 해결해야 할 일이 산적해 있고 위기가 닥쳐도 회피하지 않는 이유다.

하물며 좋아하지 않는 일에서 성공할 수 있을까? 단언컨대 불가능하다. 그렇다면 '나는 무엇에 미칠 수 있는가?'를 아는 것이 곧 인생이 나아갈 방향이자 창업의 최우선 조건이다. 무엇을 해서 돈을 벌지가 아니라 내가 어디에 미쳐서 끝까지 해낼 수 있는가를 고민해야 한다. 돈에 미치면 절대 끝까지 갈 수 없다. 내가 가장 잘할 수 있는 것이 무엇이며 모든 걸 걸 수 있을 정도로 좋아하는 것은 무엇인지 찾아야 한다. 그것에 몰두하면 돈은 따라오기 마련이다. 나에게는 그것이 산이었다. 어린 시절 한라산을 오르며 산의 매력에 빠졌고, 훗날 젊은 산악인의 모임이자 엄홍길 대장을 배출한 거봉산악회의 일원으로서 히말라야를 수없이 오르며 산에 미친 산 사나이가 되었다.

내가 산에 미쳤듯이 바다에 미친 사나이도 있다. 내 집무실 창 너머로는 동원산업 사옥이 보인다. 그곳에는 바다 사나이 김재철 회장님이 있다. 50여 년 전, 배 두 척을 빌려 동원산업을 창업했고 오늘날 세계 1위 참치 기업으로 성장했다. 나는 강연장이나 독서 모임에서 종종 김 회장님을 만난다. 누구보다 열심히 공부하고 책을 읽으며 배움을 이어나가는 경영자이자 창업자이기에 늘 응원하고 있다. 김 회장님이 숱한 어려움 속에서 오늘날의 동원산업을 일궈낸 것도 자신이 가장 좋아하는 일이 무엇이고, 일생을 바쳐 미칠 수 있는 대상이 무엇인지 잘 알고 있었기 때문이리라.

'불광불급(不狂不及).' 미치지 않으면 미치지 못한다는 의미다. 이때 제대로 미치기 위해서는 먼저 좋아해야 한다. 좋아하지도 않는 일에 어떻게 미칠 수 있겠는가. 창업이라는 큰 꿈을 품었다면 가장 먼저 내가 미칠 수 있는 일이 무엇인지 찾아야 한다. 그래야 망망대해에서 배가 좌초될 위기에 처해도 닻을 내리지 않고 항해할 수 있고, 죽음의 계곡에 이르러서도 생존을 포기하지 않을 수 있다.

당장의 성공보다 '성장'을 꿈꿔라

나는 젊은 창업자들을 만날 기회가 있으면 당장의 성공보다는 '성장'에 집중하라고 조언한다. 성공과 쟁취의 순간을 앞당기는 데만 몰두하면 내가 저지른 실수를 되돌아볼 여유가 없기 때문이다. 성장 과정을 거치지 않고 단번에 성공하겠다고 마음먹으면 훗날 엄청난 리스크를 떠안을 확률이 높을뿐더러 성공에 눈이 멀어 발밑의 함정을 보지 못할 수도 있다.

그래서 성공이 아닌 성장을 목표로 차근차근 올라가야 한다. 고산을 등반할 때도 한 발 한 발 올라가야 한다. 내 마음이 급하다고 속도를 낼 수 있는 것도 아니고, 내 목표가 분명하다고 단계를 건너뛸 수 있는 것도 아니다. 조금 늦더라도 성장을 목표로 나아가야 하며, 결국엔 그게 더 빠를 수 있다. 나무도 뿌리를 잘 내려야 잘 큰다. 거름만 많이 준다고 잘 자라는 게 아니다.

이렇게 성장을 꿈꾸는 창업자는 자연스럽게 기업가 정신을 갖게 된다. 창업의 종류나 규모와 상관없이 기업가 정신은 중요하다. 이는 소비자들이 제품을 선택하는 근거

이자 투자자들이 나의 사업에 투자하는 이유다. 또한 기업가 정신을 가지면 자신의 꿈과 희망을 마음껏 펼치는 과정에서 개인의 이득만 좇지 않고 사회와 국가를 생각하는 안목도 생긴다.

무엇보다 기업가를 꿈꾼다면 자기 안에 갇혀서는 안 된다. 조언을 구할 때도 자신이 듣고 싶은 이야기만 듣고 귀를 닫는 경우가 많은데 그래서는 성장할 수 없다. 주변 사람의 의견도 최선을 다해 경청하고 상대에게 답을 구할 때는 한 번에 다 들으려고 하지 마라. 말하는 사람에게 생각할 기회를 줘야 더 좋은 조언을 얻을 수 있다.

세계를 보되 현지의 눈으로 봐라

청년이라면 국내의 좁은 시장이 아닌 세계를 무대로 창업하길 권한다. 대한민국이라는 성을 벗어나 더 넓은 세상, 그것도 아직 무한한 가능성이 남아 있는 아시아로 가서 남들이 보지 않는 시장을 찾아 도전해 봤으면 좋겠다. 모두가 좋다고 몰려드는 시장보다는 상대적으로 적은 리스크로 창의적 시도를 해볼 수 있기 때문이다. 또한 독점적인 기회도 가질 수 있다.

이때는 철저히 현지화된 눈으로 시장을 바라봐야 기회를 찾을 수 있다. 이는 김우중 회장님이 청년들에게 건네는 조언이기도 하다. 나 역시 그 조언에 힘입어 중국과 유럽 진출의 전략과 방향을 정했다. 첫 번째 중국 진출의 실패 후 재도전 때는 현지의 눈으로 그들의 문화와 역사를 이해했으며, 중국인들과의 협업을 강화해서 마침내 성과를 낼 수 있었다. 무엇보다 현지에서 거둔 이익을 재투자한 것이 새로운 도전의 발판을 만드는 계기가 되어주었다.

또 한 가지 당부하고 싶은 말은 두려워하지 말라는 것이다. 두려움에 휩싸이면 현지의 눈으로 시장을 바라볼 수 없고 시야가 좁아진다. 그러므로 사전 준비를 철저히 해야 한다. 해외에 진출할 때 아이템만 잘 준비하면 성공할 수 있을 것 같지만 그것은 겨우 첫 단추를 끼운 것에 불과하다. 시장과 소비자 조사 등을 통해 현지의 사정을 구체적이고 객관적으로 파악해야 두려움 없이 도전할 수 있다.

창업은 패러글라이딩을 타고 상공을 나는 것과 같다.

처음에는 두렵고 죽을힘을 다해 두 발로 내달려야 하지만, 비상하는 순간 더 높은 곳에서 더 넓은 세상을 볼 수 있다. 이 짜릿한 모험을 이 땅의 젊은이들이 더 많이 경험해 봤으면 좋겠다. 자유롭게 비상하면서 두려움 없이 도전한다면 분명 내 안의 길을 찾아낼 수 있을 것이다.

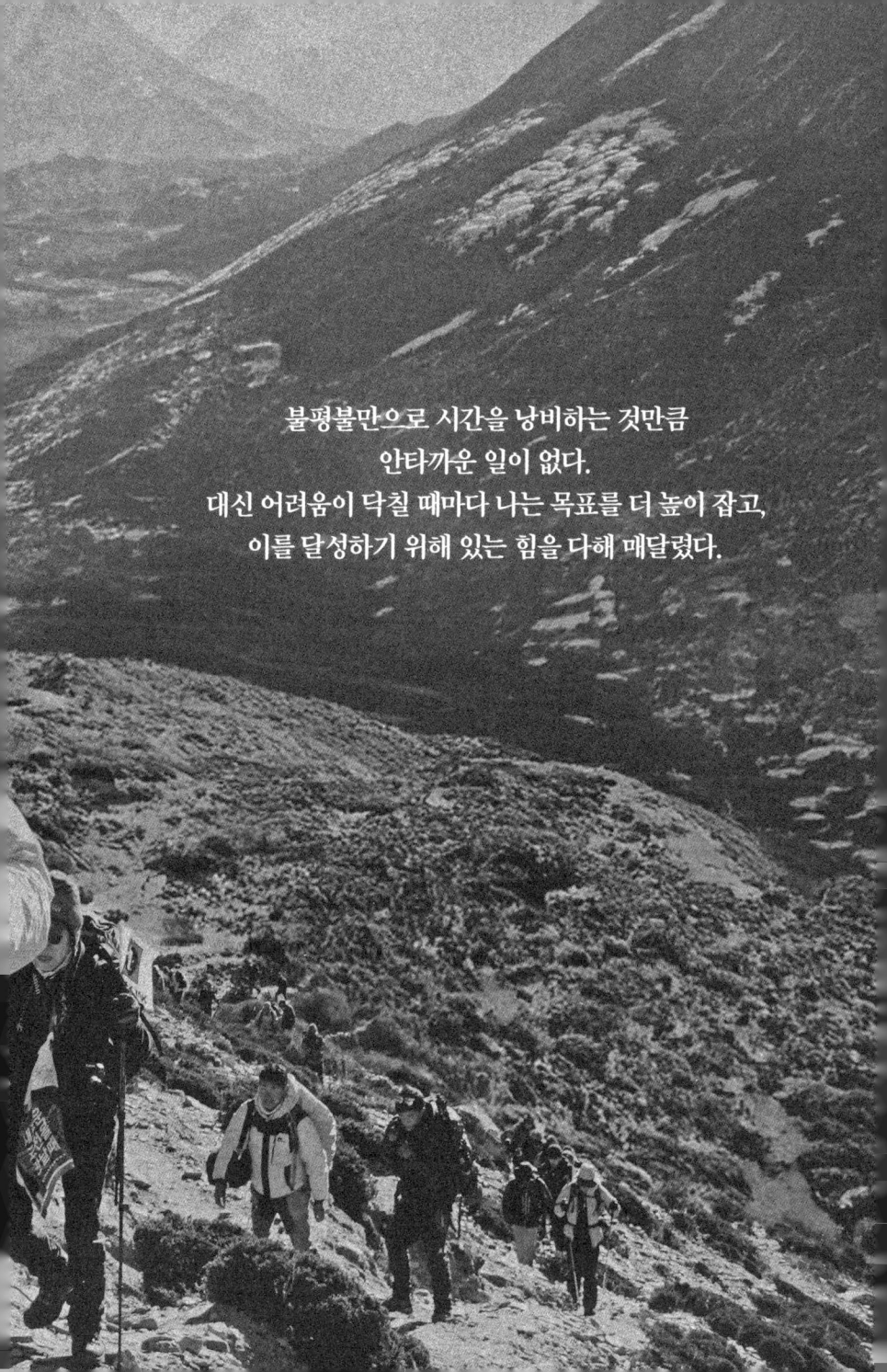

불평불만으로 시간을 낭비하는 것만큼
안타까운 일이 없다.
대신 어려움이 닥칠 때마다 나는 목표를 더 높이 잡고,
이를 달성하기 위해 있는 힘을 다해 매달렸다.

일은
노동이 아니다

　요즘 젊은이들은 하루 8시간만 일해야 한다는 강박에 빠진 듯하다. 워라밸을 강조하면서 일과 삶을 철저히 분리하고자 애쓰고 둘 사이의 균형을 '시간'에 맞춘다. 그래서 일을 적게 할수록 행복한 삶을 누릴 수 있다고 생각한다. 하지만 일을 노동이라고 단정 짓고 삶과 철저히 분리하는 순간, 일하는 시간은 지루하고 비참할 따름이다. 마음이 닫혀 있는데 주어진 일 외에 새로운 일을 계획하고 해낼 열정이 있을 리 만무하고, 당연히 조직 내 평가가 좋을 수도 없다. 성장이 멈추니 조직 내에서 빨리 도태되어서 한

창 일할 나이에 일자리를 잃을 위기에 처하기도 한다. 일을 노동으로 대한 대가는 생각보다 혹독할 수 있다.

만약 우리나라가 인구와 자원이 풍부하다면 너도나도 워라밸을 강조해도 괜찮다. 일은 할 사람만 제대로 잘하면 된다. 하지만 우리나라는 초고령사회에 인구는 전 세계에서 가장 빠른 속도로 줄어들고 있으며 자원이라곤 인적 자원밖에 없다. 이런 나라의 청장년들이 일을 노동으로 생각한다면 우리의 미래는 암울하기 짝이 없다.

지금 유럽의 상황을 보라. 산업 경쟁력이 떨어지고 미국과 경쟁할 만한 기술기업을 만들어내지 못한 것은 생산성이 떨어지는 유럽의 노동문화에 기인한다. 개인의 경쟁력이 떨어지면 기업의 경쟁력이 약화되고, 뒤이어 국가의 경쟁력도 추락할 수밖에 없다. 이러한 유럽의 상황을 남일로 치부할 때가 아니다.

일과 삶의 균형이 아닌 '조화'를 생각하라

무엇보다 일을 노동의 관점으로 생각하면 성장할 수가

없다. 일과 취미의 경계를 허물고 내가 잘할 수 있는 일을 더 잘하기 위해 노력하는 과정에서 즐거움을 찾길 바란다. 이는 비단 경영자로서 조직의 생산성을 끌어올리기 위해서 하는 말이 아니다. 인생의 선배로서 일을 대하는 태도가 삶을 어떻게 바꾸는지 너무나 잘 알고 있기에 조언하는 것이다. 하루 24시간 중 적어도 12시간만이라도 일과 취미를 병행하며 나를 성장시키는 시간으로 삼으면 삶은 분명 달라진다. 이렇게 유연한 사고로 일을 대하면 일에 대한 스트레스도 줄일 수 있다.

사람은 누구나 무슨 일이든 해야 한다. 이왕 할 일이라면 취미 생활 하듯이 해보자. 일을 하면서 스스로를 비참하게 만들 필요는 없지 않은가. 그러기 위해서는 진정으로 내가 좋아하는 일이 무엇인지 찾아야 한다. 그러면 워라밸의 정의도 달라질 수 있다. 이와 관련해서 아마존의 최고경영자 제프 베이조스가 정의한 '워라블(Work Life Blending)'에 공감한다. 그는 이렇게 말했다. "일과 삶의 균형을 찾으려고 이 두 가지 중 한쪽을 추구하면 다른 한쪽이 희생되어야 한다. 그러므로 균형이 아닌 일과 삶의 조화를 이루어야 한다." 이렇게 일과 삶이 조화를 이루면 지속적인 성장이 가능하다. 물론 내가 열정을 다할 수 있는 일을 찾는 게 먼저다.

일을 지속하게 하는 나만의 동력을 만들어라

일이 진전되지 않거나 꽉 막혀 돌파구가 보이지 않을 때는 쉽게 포기하기 마련이다. 그럴 때는 잠시 쉼표를 두고, 자신이 좋아하는 취미를 즐기거나 좋아하는 사람을 만나보는 것도 좋은 방법이다. 나는 산에 간다. 일에 진절머리가 나면 히말라야에 가서 새로운 기운을 얻고 때로는 돌파구를 찾아오기도 했다. 산에 올라가면 잡생각이 사라지고 마음이 편안해지며 현재의 나 자신에게만 집중하게 된다. 그러면 신기하게도 얽히고설킨 일의 실타래가 풀리기 시작하면서 새로운 아이디어가 떠오른다.

무엇보다 사업을 하면서 생기는 경쟁심을 덜어내고 평온을 되찾을 수 있다. 산에 올라갈 때는 어떻게 하면 끝까지 올라갈 수 있을까만 생각하기 때문에 그 순간만큼은 기업의 흥망성쇠도 뒷전으로 밀려난다. 그렇게 무아지경의 상태로 목표한 지점까지 오르고 나면 마음을 가다듬을 여유가 생기고, 일을 하는 동안 내가 무엇을 잘못했는지 선명하게 떠오른다. 상대방도 용서하게 되고 경쟁에 매몰된 나 자신도 용서하게 된다. 다시 본질에 가까워지면서 답을 갖고 내려온다.

나는 어려운 일일수록 정면으로 맞서 해결하는 방식을 고수해 왔다. 그래야 몰입이 가능하고 에너지를 전부 쏟아부을 수 있기 때문이다. 문제에 직면했을 때 꾀를 부리거나 우회하면 이미 생각에서부터 진 것이다. 이 문제는 정면으로 해결하겠다고 마음먹어야 용기도 나고 에너지도 생겨서 집중할 수 있다. 무엇보다 난제일수록 꼼수로는 결코 극복할 수 없다. 꼼수를 쓰면 그 순간은 편안할지 몰라도 근본적인 해결은 불가능하기 때문이다.

때로는 지금 처한 문제나 힘든 일보다 더 힘든 일을 찾아서 먼저 하는 것도 좋다. 나는 일을 할 때 가장 힘들고 어려운 일부터 해결한다. 그러면 다른 일은 오히려 쉬워 보여서 자신감도 생기고, 여유가 있다 보니 창의적인 아이디어도 잘 떠오른다. 일의 결과도 좋아질 수밖에 없다.

일을 할 때 경계해야 하는 것

　세상은 늘 승자와 패자를 나눈다. 그런데 일을 할 때 가장 경계해야 할 것은 '승자와 패자가 있다'는 마음가짐이다. 이 프레임에 빠지는 순간 도전하기가 힘들어지기 때문이다. 승부를 놀이로 생각해야지 뒤바꿀 수 없는 운명으로 여기면, 실패했을 때 다시 일어설 용기를 가질 수 없다. 무엇보다 영원한 승자와 영원한 패자란 없다. 그때의 승자이고 패자일 뿐 승자와 패자는 계속 바뀐다. 그러므로 승패에 집착하지 말고 일 자체의 즐거움을 찾으려고 노력해야 한다. 일과 삶의 선을 긋지 않고 즐거움의 연속으로 생각하면, 승패에 연연하거나 중도에 주저앉지 않을 수 있다.

　그렇다면 일을 하면서 겪는 실패는 어떻게 받아들여야 할까? 이렇게 생각해 보자. 실패가 없으면 성공이라는 단어가 있을 수 없다. 실패가 있으니까 성공이 있고, 이 둘은 공존해야 성공의 가치가 더 빛난다. 무엇보다 모든 도전은 그 자체로 가치가 있다. 한쪽 문이 닫히면 다른 한쪽의 문이 열리듯 실패는 반드시 교훈을 남기기 때문이다.

다만 그 교훈은 다음 도전의 밑거름으로 삼아야 한다.

나는 현재 적자를 내는 나우 브랜드 인수를 실패라고 생각하지 않는다. 만약 그때 나우를 인수하지 않았다면 폐페트병 재활용을 통한 리사이클 프로젝트에 과감히 뛰어들지 못했을 것이다. 나우로 인해 그 방법을 터득했고 블랙야크의 정신으로 삼게 되었다. 이러한 경험을 반복하면 자연스럽게 실패를 대하는 태도도 달라진다. 그래서 나는 경영자들에게 실패란, 흔히 말하는 실패가 아니라 '포기'했을 때를 의미한다고 생각한다. 나에게도 실패란 다음 도전을 위한 쉼표이자 디딤돌일 따름이다.

일자리가 없다면 일거리를 만들어라

언제부터인가 '취준생'이라는 말이 생기더니 요즘은 '청년 백수'가 무려 120만 명에 이른다고 한다. 구직마저 포기한 2030세대가 늘어나고 있다니 걱정스러운 일이다. 하지만 일자리가 없어서 쉰다는 것은 다른 관점으로 살펴볼 필요가 있다. 정말 내가 일할 수 있는 직장이 없는 걸까? 나는 그렇게 생각하지 않는다. 모두가 대기업에서 일하고 싶어 하고 남들 눈에 번듯한 직장을 구하려고 하니 낙타가 바늘구멍에 들어갈 정도로 취업이 힘들고 일자리가 없는 것이다. 실제로 중소기업에서는 일할 사람이 부족해 어려움을 겪는 사례가 많다. 눈높이를 조금 낮춰서 중소기업 혹은 더 작은 규모의 회사에 들어가서 내가 그 기업을 혁신시켜 보겠다는 목표를 가진다면 삶의 지향점이 달라질 수 있다. 매사 관점을 바꾸면 없던 기회가 무궁무진하게 생긴다. 내 자리는 결국 내가 만드는 것이다.

취업 대신 나만의 사업을 구상해 창업하는 것은 또 다른 차원의 기회다. 취업은 남의 세계에 종속되는 것이지만 창업은 새로운 세상을 갖는 것이다. 물론 직장에서도 내 역량을 발휘해 훌륭한 성과를 낼 수 있고 조직을 변화시키는 혁신의 주체가 될 수 있다. 하지만 나만의 꿈을 펼칠 수는 없다. 게다가 20대와 30대는 꿈을 펼칠 수 있는 최적의 시기다. 자격증을 따고 전문직에 종사하는 것도 좋지만 한쪽으로 우르르 몰려가면서 남들의 뒤만 쫓으면 그 길의 끝에 무엇이 있는지 알 수 없다. 장마철에 우산이 잘 팔린다고 신발 만들던 사람이 우산을 만들겠다고 뛰어들면 장마가 끝난 뒤 다시 신발 장수를 부러워하기 마련이다.

무엇보다 AI 시대에는 극소수의 엘리트가 혁신을 이루어내면서 잉여 인력이 갈수록 늘어날 것이다. 그렇다고 시대와 사회를 탓하며 동굴 속으로 들어갈 수는 없지 않은가. 일자리가 없다면 스스로 일거리를 만들면 된다. 그것이 내가 미칠 정도로 좋아하는 나만의 일이면 더할 나위 없이 좋을 것이다.

배우면서
일하는 자만이 살아남는다

오늘날은 가보지 않은 길을 가고, 해보지 않은 행동을 해야 한다. 살아온 대로 살아간다면 더 이상 성장할 수 없다. 세상은 이미 우리가 경험하지 못한 새로운 상식으로 돌아가고 있으며, 지금의 상식은 금세 또 과거의 상식이므로 끊임없이 배워야 한다. 이미 습득한 지식을 쓰기만 하는 사람은 곧 도태되고 말 것이다.

직장인이라면 더더욱 공부하는 자세로 일해야 한다. 조직 내에서 일하다 보면 타성에 젖어서 새로운 것을 익히고 활용하는 것을 등한시할 수 있다. 하루하루 맡은 업무

처리에 급급하다 보면 더욱 그렇다. 하지만 자기 분야에서 최고의 전문가가 되고 싶다면 배움을 게을리해서는 안 된다.

자신이 전담하는 일에 대해서는 누구보다 잘 알고 있다고 자부하겠지만 그것만으로는 부족하다. 나의 일뿐 아니라 세상을 바꾸는 혁신과 관련된 지식도 적극적으로 습득해서 실무에 적용해야 한다. 여기서 한발 더 나아가 실무에 적용한 과정과 성과를 체계적으로 정리해 보길 바란다. 이런 과정을 여러 번 거치면 누구라도 탁월한 실력을 갖춘 전문가로 성장할 수 있다.

블랙야크에서는 누구나 박사가 될 수 있다

나는 직원들에게 누구나 자기 분야에서 박사가 될 수 있다고 강조한다. 내가 맡은 일을 10년 넘게 하다 보면 수많은 시행착오를 거치며 나만의 노하우가 생기기 마련이다. 자신의 노하우와 기술에 자부심을 갖고 그것을 평소에 잘 정리해서 주변의 검증을 받으면 그것이 바로 박사

논문이다.

가령 포장부서에서 5년만 근무하면 포장 박사가 된다. 그런데 왜 박사라고 불리지 않을까. 그 노하우를 자기 몸으로만 체득했을 뿐, 체계적으로 정리해서 시스템화하고 관련 업무를 하는 이들에게 도움을 주는 데까지 나아가지 못하기 때문이다. 그래서 우리는 회사 차원에서 직원들이 자신의 전문성을 기록으로 남길 수 있도록 독려하고 있다. 직원들이 각자 자신이 맡은 분야에서 전문가가 되겠다는 마음가짐으로 배움을 게을리하지 않고 실무와 조화를 이룬다면, 개인의 성장이 회사의 혁신에 긍정적인 영향을 미치게 된다. 그런 회사는 잘될 수밖에 없다.

대기업이나 연구소에서 일하든 중소기업이나 제조공장에서 일하든 그것은 중요하지 않다. 나만의 전문성을 높이기 위해 노력해 온 과정을 체계적으로 정리하면 그게 바로 논문이다. 대학에서 인정해 주지 않아도 된다. 내가 몸담고 있는 조직과 동료, 나아가 다른 기업에 새로운 영감을 줄 수만 있다면 대학원 논문보다 더한 가치가 있다고 생각한다. 실제로 블랙야크에서는 폐플라스틱 재활용 캠페인의 팀장 역할을 맡았던 직원도 관련 프로젝트를 논문화하는 작업에 참여했다.

나 역시 오늘날의 블랙야크를 일군 내용으로만 논문 세 편을 썼고 박사 학위도 받았다. 해외 진출 사례와 ESG 경영 등을 주제로 쓴 논문인데, 아직도 우리 회사에는 수십 편의 논문을 쓸 만한 사례들이 남아 있다. 이러한 노력은 결국 나의 실력이자 보람이 되고, 일을 대하는 태도가 달라지는 결정적인 계기가 된다. 오늘날 조직에서 원하는 인재상도 실무에만 능한 직원보다는 실무와 이론을 겸비한 인재로 변모하고 있다. 이론과 실무에서 상호 스파크가 일어나야 진정한 혁신이 이루어질 수 있기 때문이다.

이론과 실무를 겸비해야 오만해지지 않는다

경영자로서 직원들이 성장해 나가는 모습을 지켜보는 것은 아주 큰 보람이다. 그래서 나는 직급과 부서를 막론하고 직원들에게 회사의 중요한 프로젝트에 참여할 기회를 주려고 애쓴다. 이럴 때 주저하지 않고 참여해 기대 이상의 성과를 내는 직원은 대개 새로운 것을 익히고 배우는 것을 즐기는 성향을 지니고 있다. 내가 잘 모르는 분야라고 해도 공부해서 자신의 것으로 만들어 업무에 적용해 보겠다는 도전 정신이 남다르다.

반면에 자신이 맡은 실무만 고집하는 직원이 있다. 물론 맡은 업무를 잘하는 것은 일의 기본 중 기본이다. 하지만 실무에만 능한 직원은 오만해지기 쉽다. 내가 하는 일만 잘하면 된다는 안이한 생각에 세상의 변화에 큰 관심을 두지 않아서 편협해질 수 있다는 의미다. 또한 이론에만 능한 사람은 현장을 장악할 수 없고, 그 안에서 벌어지는 문제를 해결하고 소통하는 능력도 부족하다. 그래서 이론과 실무를 겸비한 인재가 어디서나 환영받는 것이다. 그들은 늘 배우려는 자세로 스스로를 낮추고, 주위 사람의 말을 경청할 줄도 알기에 오만하지 않다. 항상 공부하며 자신의 경험에만 갇히는 우를 범하지 않기 때문에 오판할 확률도 낮다.

이처럼 이론과 실무를 모두 겸비하지 않으면 조직에서 꾸준히 성장할 수 없다. 이는 40대 직원들의 이직이 잦은 이유와도 연관이 있다. 조직 내에서 가장 숙련도가 높은 40대의 이직률이 높아지는 것은 본인과 회사뿐 아니라 국가적으로도 손해다. 그런데도 이들이 이직하려는 이유는 무엇일까? 기존 조직에서 더 이상 성장할 수 없거나 버틸 수 없을 것 같다는 위기감 때문이다. 특히 후자의 경우라면 공부를 게을리했을 확률이 높다. '회사 일만 열심히 하면 됐지, 무슨 공부야' 하는 태도로 10여 년을 버틴 사람들이다.

하지만 후배들은 세상의 변화에 관심도 많고 새로운 것을 배우는 데 적극적이다 보니 그들에게 이론적으로 밀릴 수밖에 없다. 실무 경험의 무기로 버텨보겠지만 그것도 한계가 있다. 당연히 자괴감이 들고 이직을 꿈꿀 수밖에 없다. 하지만 이런 이직은 도피일 뿐이다. 경쟁력이 없다는 본질은 바뀌지 않기 때문에 어디를 가든 또다시 방황하게 된다. 그러므로 안정적인 직장 생활을 하고 있다고 해도 배움을 놓아서는 안 된다. 끊임없이 배우지 않으면 살아남을 수 없다는 긴장감을 갖고, 틈틈이 책을 읽고 저축하듯이 공부해야 한다. 요즘 직장인들은 대부분 재테크에 과몰입하는데 40대라면 가장 먼저 나 자신에게 투자하고 꾸준히 공부해야 할 것이다.

우리 회사 직원들도 마찬가지다. 아웃도어 분야에서

10년 넘게 영업을 해왔다고 해도 그것이 어디서나 통하는 경쟁력이 될 수는 없다. 영업은 물론 재무와 마케팅까지 알아야 하고, 경영서뿐만 아니라 인문과 문학서까지 다방면으로 읽어야 고객의 마음을 이해하고 겸손해질 수 있다. 나아가 환경보전의 중요성과 자연에 대한 고마움도 느낄 수 있다. 그러다 보면 내가 새롭게 해야 할 일도 보인다. 이처럼 공부하는 사람에게는 끊임없이 할 일이 생긴다. 그래서 나는 우리 직원들에게도 그 기회를 마련해 주고자 독서 환경 조성을 위한 공간도 준비 중이다.

회사가 직원들의 은퇴 후 삶까지 책임질 수는 없다. 하지만 스스로 개척해 나갈 수 있도록 교육의 기회는 얼마든지 제공할 수 있다. 무엇보다 열심히 배우고 꾸준히 성장해 온 직원이라면 정년을 앞두고 있어도 더 일할 기회를 얻을 수 있다. 우리 회사에도 그런 사례가 있다. 물류센터 직원들은 은퇴 후 다시 복귀해서 일했고, AS 팀의 임원은 정년퇴직을 앞두고 계약 연장을 통해 10년이나 더 근무했다. 이론과 실무를 겸비한 인재에게는 어디서나 늘 새로운 기회가 열리는 법이다.

평생 배우고 익힐 수 있는 교육의 중요성

나는 고등학교 졸업 후 바로 대학에 진학하지 않았다. 대학에 가는 대신 서울로 올라가 일하겠다고 하자 어머니는 못내 아쉬워하셨다. 내가 어릴 적 다닌 제주의 초등학교에서는 졸업생 120명 중 10여 명만이 중학교에 갔다. 그리고 그중에서 고등학교에 올라간 건 나를 포함해 4명뿐이었다. 그 정도로 모두가 가난한 시절이었다. 하지만 어머니는 교육열이 남달라 나를 한라산 너머 제주시의 오현고로 유학을 보내셨다. 그런 어머니의 바람을 뒤로하고 남대문에서 장사를 시작했으니 내 마음 한편에서도 배움에 대한 열망은 사라지지 않았다.

일을 마치고 집에 오면 아무리 피곤해도 책 읽기를 게을리하지 않았다. 단 몇 장이라도 읽다가 곯아떨어지곤 했다. 그리고 내게 필요한 내용은 수첩에 적어놓고 필요할 때마다 들여다보곤 했다. 특히 책을 읽은 후에는 반드시 중요한 내용과 좋은 문장을 기록해 놓고 다시 보면서 생각에 잠기곤 한다. 이러한 기록하는 습관은 지금까지도 이어지고 있다. 기록한 내용을 다시 한번 되새기면서 내 것으로 삼은 덕분에 실무를 할 때도 무엇을 좀 더 공부하면 도움이 될지 고민하게 되었다. 그 과정에서 공부에 대한 열망이 강해졌고, 그때 비로소 대학에 갔고 대학원에도 진학했다. 지금도 공부할 수 있는 모임에는 정기적으로 참여하며 배움을 게을리하지 않고 있다. 훗날 경영 일선에서 물러난다고 해도 나의 배움은 끝나지 않을 것이다.

그런데 안타깝게도 우리나라의 교육 풍토는 평생 공부하는 삶과는 거리가 멀다. 대학 진학률이 70퍼센트를 넘어선 지 오래되었고 심지어 전 세계에서 가장 높지만, 대다수의 국민은 고등교육의 본질에는 집중하지 않는다. 이러한 사회적 분위기는 과다한 교육비라는 불필요한 짐을 부모들에게 지우는 동시에 학생들을 무한경쟁으로 이끈다. 이 나라의 미래인 학생들은 왜 대학에 가야 하는지 스스로 이유를 찾지 못한 채 과도한 입시 경쟁에 내몰리는 것이다. 어렵사리 입학한 대학에서는 자신이 무엇을 왜 공부해야 하는지 명확히 알지 못해 방황하며 시간을 보내기 일쑤다. 그렇게 대학을 졸업한 후로는 독서와 공부에서 완전히 멀어진다.

하지만 선진국은 우리나라와 전혀 다른 길을 가고 있

다. 최근에는 미국에서도 대학 진학률이 떨어지고 있다. 4년제 대학에 진학해 시간과 돈을 낭비하느니 취업해서 실무를 익히고 전문성을 기르겠다는 청년이 많아지고 있기 때문이다. 빅테크 기업들도 고졸 학생을 대상으로 월급을 주고 일하게 한 다음 정규직 면접의 기회를 주고 있다.

독일의 대학 진학률은 여전히 50퍼센트도 안 된다. 고등학교를 졸업하고 바로 취업해서 실력을 쌓는 청년들이 많기 때문이다. 반면에 재교육률은 높다. 40~64세 대학 신입생 수가 우리나라의 다섯 배에 달한다는 기사도 있다. 노동 가능 연령이 길어질수록 장년층의 배움에 대한 필요성이 커지고, 사회는 이들이 재교육을 통해 이론과 실무를 겸비해서 재도전할 수 있도록 기회를 주는 것이다.

우리나라도 이러한 변화가 절실하다. 우선 공부에 대한 인식부터 바꿔야 한다. 모두가 같은 시기에 대학에 입학해 공부해야 한다는 고정관념부터 버리고 평생 배우고 익힐 수 있는 자신만의 방법을 찾아야 한다. 그리고 기업과 사회는 이러한 배움의 풍토를 마련하기 위해 앞장서야 할 것이다.

시간 관리는
양심의 문제다

―――

세상 모든 사람에게 가장 공평하게 주어진 자산이 있다. 바로 '시간'이다. 우리는 각기 다른 재능을 타고나 저마다의 삶을 살아가지만 하루 24시간은 누구에게나 동일하게 주어진다. 돈과 권력이 많다고 해서 하루를 48시간 살 수 있는 것은 아니다. 다만 그 시간을 어떻게 활용하느냐에 따라 하루의 결실뿐 아니라 인생의 향방이 천차만별로 달라진다.

   시간이 돈보다 소중하다는 사실은 인생을 살아갈수록 더욱 뼈저리게 깨닫게 된다. 시간은 부족하다고 해서 남에게 빌릴 수도 없고, 돈이 많다고 해서 살 수도 없기 때문이다. 한번 지나가면 영원히 되돌릴 수 없는 것이 오늘 하루라는 시간이다. 그래서 살아가면서 시간을 어떻게 효과적으로 쓸지 고민하는 것은 '인생을 어떻게 살 것인가?'라는 거대한 질문만큼이나 중요하다. 이 귀중한 시간을 제대로 관리하지 못하면서 세상이 불공평하다고 푸념하는 것은 옳지 않다.

준비된 사람은 시간 관리가 철저하다

하버드대학에서 신입생과 MBA 수강생에게 가장 먼저 가르치는 것도 시간 관리법이다. 왜일까? 시간 관리가 안 되는 사람은 다른 일도 제대로 관리할 수 없기 때문이다. 무슨 일이든 준비를 잘하는 사람은 시간 관리도 잘하기 마련이다. 치열한 경쟁에서 살아남기 위해서는 늘 준비된 사람이 되어야 한다. 과거에는 지위와 경력으로 일을 해도 큰 어려움이 없었지만 오늘날은 다르다. 변화의 속도와 방향은 예측조차 힘들 정도이며, 소비자들의 수준 또한 매우 높아졌다. 그러므로 철저한 시간 관리로 제대로 준비하지 않으면 금세 도태되고 말 것이다.

무엇보다 나는 시간 관리는 '양심의 문제'라고 생각한다. 오늘 내가 마무리해야 하는 일이 내일로 미뤄지면 나로 인해 다른 사람과 팀의 일이 지연되고, 나아가 회사 전체의 발전 속도가 늦어지기 때문이다. 그러니 오늘 하루 나의 일과가 계획대로 잘 마무리되었는지는 스스로의 양심에 물어볼 일이다.

종종 '시간이 부족하다'고 변명하는 사람이 있다. 하지만 나는 그런 말을 들으면 분명 그가 시간표를 잘못 짰거나, 애초에 능력이 없거나, 거짓말쟁이라고 생각한다. 너무 혹독한 평가가 아니냐고 반문할 수도 있다. 하지만 누구에게나 가장 공평하게 주어지는 시간을 제대로 관리하지 못하는 사람은 일을 대하는 태도와 마음가짐부터 잘못되었다고 생각하기에 아주 냉철하게 평가한다. 이런 사람은 늘 시간에 쫓기면서 일하고, 오늘 해야 할 일을 내일로 미룬다. 그리고 대부분 주변 정리정돈이 안 되어 있다.

나는 가끔 직원들의 책상을 둘러보곤 한다. 그러다 보면 유난히 정돈이 안 되어 있는 자리가 눈에 띈다. 책상

위에 시효가 지난 문서 더미가 가득 쌓여 있는 경우도 있다. 그래서 때때로 직원들에게 정리정돈의 중요성에 대해 나누고 있다. 일을 대하는 태도와 마음가짐이 업무 공간에도 반영된다고 믿기 때문이다. 잘 정돈된 일터와 차질 없는 일정에서 일을 대하는 진심이 드러나기 마련이다.

인생은 오늘 하루의 오전 시간이 좌우한다

'아침 일찍 일어나지 않으면 그날 할 일이 없다. 인생의 운명은 여기에 달려 있다.'

『명심보감』에 실린 글귀다. 이 평범한 문구는 두고두고 곱씹어 볼 만하다. 저명한 인사의 아주 특별한 성공 비결을 찾기 위해 애쓸 필요 없다. 오늘 하루를 잘 계획하고 실천해 내는 것만으로도 얼마든지 성공적인 인생을 살 수 있다.

나에게도 하루 중 가장 활기차고 에너지가 넘치는 시간은 아침이다. 대개 오후보다는 오전에 집중이 더 잘되고 일의 효율도 높다. 그래서 가장 중요하고 힘든 일은 오전에 마무리하고 오후에는 일상 업무를 하거나 창의적인 발상이 필요한 일을 여유 있게 고민하는 시간을 갖는다. 그래서 오전에 계획한 일을 다 하지 못하면 점심 시간이 내내 불편하다. 오후에 할 일들에도 차질이 생기기 때문이다.

오전 시간에 중요한 일을 마무리해야 하는 또 다른 이유가 있다. 오전에는 일을 하다가 문제가 생기면 오후에 처리할 수 있다. 하지만 오후에는 일을 하다가 예상치 못한 변수를 만나면 그날 그 일을 마무리할 수 없어서 다음 날로 넘어가고 만다. 하루쯤 늦어지는 게 뭐 그리 대수냐고 반문하겠지만 사업하는 사람에게 하루는 남다른 의미가 있다. 그날의 어음을 막지 못하면 회사가 부도 나는 절체절명의 위기에 직면할 수도 있기 때문이다.

직장인과 학생들에게도 하루 일과를 잘 계획하고 마무리하는 행위는 중요하다. 오전과 오후의 일을 구분하고 완료한 후 매듭을 지으면 한 달과 1년의 일도 자연스럽게 완성된다. 일은 매듭의 연속이라서 다음 일을 위해서는 반드시 앞의 일이 잘 정리되어야 한다. 그러므로 하루를 오전과 오후로 나누어 일의 매듭을 지어나가는 연습을 지금부터라도 매일 해야 할 것이다. 이를 통해 스스로를 평가하는 과정이 쌓이고 계획을 통해 일을 해야 할 당위성이 마련되면 어떤 어려움이 닥쳐도 헤쳐나갈 수 있다.

무엇보다 하루를 허투루 여기면 한 달의 목표, 나아가 1년의 목표도 물거품이 되고 만다. 그래서 나는 하루의 스케줄을 매우 중요하게 생각하며 직접 작성한다. 이렇게 하면 기억도 빨리 나고, 업무나 미팅에서 중요한 사항을 미리 떠올리고 정리할 수 있어 무척 효율적이다. 내일 스케줄은 자기 전에 한 번 더 점검하고, 다음 주의 계획은 주말 저녁에 미리 정리해 둔다.

이런 습관을 잘 다져놓으면 시간은 내 편이 된다. 시간 기획과 관리가 습관화된 사람은 어디서 누구를 만나더라도 심적인 여유가 생겨 상대를 세심히 관찰하게 되고 통찰력도 생긴다. 특히 바쁜 와중에 매 순간 중요한 의사결정을 해야 하는 관리자라면 시간 관리는 필수다.

대나무는 매듭 없이
곧게 자라지 않는다

오늘 하루를 오전과 오후로 나누어 매듭을 짓듯 삶에서도 중간중간마다 매듭 짓기가 필요하다. 20대와 30대의 목표한 바가 다르듯 40대와 50대도 마찬가지다. 40대에 할 일과 50대에 할 일은 미루지 말고 그 시기가 지나기 전에 끝내야 한다. 그러지 않고 40대에 마쳐야 할 일을 50대까지 끌고 가면, 직장에서 밀려나고 인생 전반에도 균열이 생기기 쉽다.

직장인이라면 진급을 위한 역량의 매듭 짓기를 잘해야 한다. 직장인 대부분은 일정 시기가 되면 당연히 승진할 것이라고 생각한다. 하지만 승진해서 위험한 경우도 수두룩하다. 팀장으로서의 리더십과 역량을 갖추지 않은 채 승진에 욕심을 내면 부하직원들의 원성을 사기 마련이다. 그래서 승진 후 얼마 지나지 않아 스스로 그만두기도 한다. 임원이 되고자 한다면 그 전에 직급에 걸맞은 자질과 역량을 갖춰야 한다. 맡은 일을 해내는 것을 넘어 조직 전반에 긍정적인 영향을 미칠 수 있는 실력을 다져야 한다는 뜻이다.

시련 없는 성장은 없다

"선생님, 대나무는 어떻게 저리 높이 자랄 수 있어요? 아무리 바람이 세게 불어도 쓰러지지 않잖아요."

중학교 때 한라수목원의 대나무 숲이 하도 신기해서 선생님께 여쭤본 적이 있다. 도대체 어디까지 올라갈지 그 끝을 가늠할 수 없을 정도로 높이 솟은 대나무들을 올려다보면 감탄이 절로 터져 나왔다. 그때 선생님은 대나무의 매듭을 손가락으로 가리키며 "바로 저것 때문이야"라고 하셨다.

당시에는 선생님의 말씀을 제대로 이해하지 못했다. 하지만 시간이 지나 경영자가 된 후, 우리 기업의 지속 가능한 성장을 고민하면서 자연스레 대나무 마디의 의미를 깨닫게 되었다. 대나무의 마디는 '생장점(生長點)'으로, 성장할 때 잠시 멈추는 지점을 뜻한다. 대나무는 이 마디를 만들 때만 생장을 멈추고, 중간중간 쉬면서 마디를 형성한 후 다시 쭉쭉 뻗으며 성장한다. 일반 나무와 달리 속이 텅 비어 있는 대나무 줄기는 이 마디가 중간중간에 있어야 강풍에도 쓰러지지 않는다. 그러니까 이 마디를 만드는 시간은 성장통인 셈이다. 간혹 마디가 없는 대나무도 있는데 빨리 자라기는 하지만 비바람에 쉽게 꺾이고 만다.

사람도 마찬가지다. 시련 없는 성장은 없으므로 승승장구하는 삶만을 부러워할 필요는 없다. 그런 삶은 마디 없는 대나무처럼 빨리 자랄 수는 있어도 비바람을 만나면 힘없이 꺾이고 만다. 그러므로 어려움이 닥치거나 넘어졌을 때는 자책하고 비관하며 시간과 에너지를 허투루 쓰지 말고 차라리 잠시 쉬어가면서 다음을 도모해야 할 것이다. 일도 관계도 매듭을 지으며 살아야 하기에 그때는 '아,

지금은 내 삶의 또 다른 마디를 만들어야 하는 시간이구나'라고 생각하며 자신을 되돌아보고 인내하자. 그래야 고비마다 어려움을 겪으면서도 성장할 수 있다.

기업도 매듭이 있어야 100년을 넘어 200년까지 이어지는 장수 기업이 될 수 있다. 물론 매듭이 없으면 빨리 클 수는 있다. 다른 기업을 인수하고 합병하면 금세 규모가 커진다. 하지만 규모에만 집착하고 내실 있는 경영에 집중하지 않으면, 경제 위기나 경기 침체가 닥쳤을 때 어떻게 되겠는가? 결국 무너지고 만다. 그러니 조금 늦더라도 매듭을 지어야 올곧은 성장이 가능하다. 또한 매듭 위에 내가 도저히 이겨내지 못할 것을 올려놓아서도 안 된다. 그 하중을 버틸 힘이 있는지 파악하지도 않고 무작정 짐을 얹으면 안 된다는 의미다. 이를 깨닫기 위해서는 항상 나 자신에게 집중해야 한다.

인생의 베이스캠프를 높이는 법

앞서 삶은 매듭을 지으면서 올라가는 과정이라고 했다.

이는 등반할 때 베이스캠프를 설치하는 방식과 닮았다. 높은 산을 등반하거나 새로운 탐험을 할 때는 반드시 베이스캠프를 설치해야 한다. 산악인들은 해발 8848미터인 에베레스트 정상에 오르기 위해 해발 5000미터 부근에 베이스캠프를 차린다. 이후 점점 정상에 가까워지면서 캠프 1, 캠프 2 등을 설치하며 정상 등정을 준비하고 조율한다. 즉, 정상 등정 시 베이스캠프가 현재 어느 높이에 있는지 진단하고 가급적 정상 가까이 올려놓아야 한다.

베이스캠프에서는 고소 적응을 하고 체력 관리를 한다. 대원들은 이 베이스캠프를 오르락내리락하면서 정상에 오른다. 이러한 등정 기술은 대나무가 마디를 만드는 과정과 같다. 베이스캠프를 오가는 캠프들을 설치하지 않고 무작정 정상을 공격한다는 것은 불가능하다. 물론 캠프와 캠프를 오가면서 필요한 식량과 장비 등을 옮기는 과정 때문에 정상 공격에 시간이 더 걸리지만, 이는 정상 정복의 확률을 높이고 무엇보다 대원들의 안전을 보장할 수 있다.

이처럼 인생의 베이스캠프를 높이기 위해서도 일정한 단계를 밟아서 차근차근 나아가야 한다. 대나무가 매듭을 짓고 한층 더 높이 자라듯 스스로 계획한 것들을 하나씩 이루어나가면서 중간중간에 배움과 배려 그리고 반추의 시간을 가져야 할 것이다. 이는 대나무의 마디와 마디 사이의 간격이 제각기 다른 이유와도 연관이 있다. 대나무 마디의 간격이 너무 짧으면 잘 자라지 않고 너무 길면 튼튼하지 않아서 비바람에 쓰러지기 쉽다. 그래서 대나무가 곧고 단단하게 잘 자라려면 그 간격은 일정하지 않고 짧고 긴 것이 고루 섞여 있어야 한다.

인생살이에서도 남들보다 빨리 성공하고 싶어 앞만 보고 달리면 한동안은 쑥쑥 자랄 수 있지만, 시련 앞에서는 속절없이 꺾이고 만다. 회사나 조직 내에서 승진에 지나치게 집착하는 이들이 여기에 해당한다. 이들은 간혹 인사 결과를 두고 윗사람을 원망하거나 조직을 비난하면서 허송세월하기도 한다. 인사 역시 사람의 일이어서 상사도 실수를 할 수 있고 그럴 만한 사정이 있기 마련이다. 다만 시간이 지나면 상사도 자신의 인사 실수를 깨닫고 다음번에는 반드시 반영하게 된다.

그런데 그걸 못 참고 여기저기에 울분을 터뜨리며 한 숟가락이라도 먼저 먹으려고 하면, 결국 자신이 가진 밥

그릇조차 빼앗기고 만다. 이럴 때는 다음 승진을 기다리며 자신의 역량을 강화하는 데 최선을 다하고 진득하게 기다리는 게 좋다. '이번 성장의 마디는 간격이 좀 길구나'라고 생각하면 된다. 그러면서 진급 후에는 상사들이 '승진시키길 정말 잘했다'는 생각을 할 수 있게 각고의 노력을 기울여야 할 것이다. 고산을 등정할 때도 사전 준비 과정이 실제 산에 오르며 베이스캠프를 설치하는 것보다 훨씬 더 중요하다. 그 단계를 철저히 준비하지 않으면 안전하고 성공적인 등정은 불가능하다.

살다 보면 남들보다 좀 더 빨리 간다고 자만해서도 안 되고 뒤처진다고 낙담하거나 원망해서도 안 된다. 인생의 경험들은 모두 저마다의 보람이 있기 때문이다. 그 과정에서 실패의 무게를 견딜 인생의 마디가 단단하게 여물고, 인생의 베이스캠프가 한 단계씩 더 높아지는 것이다.

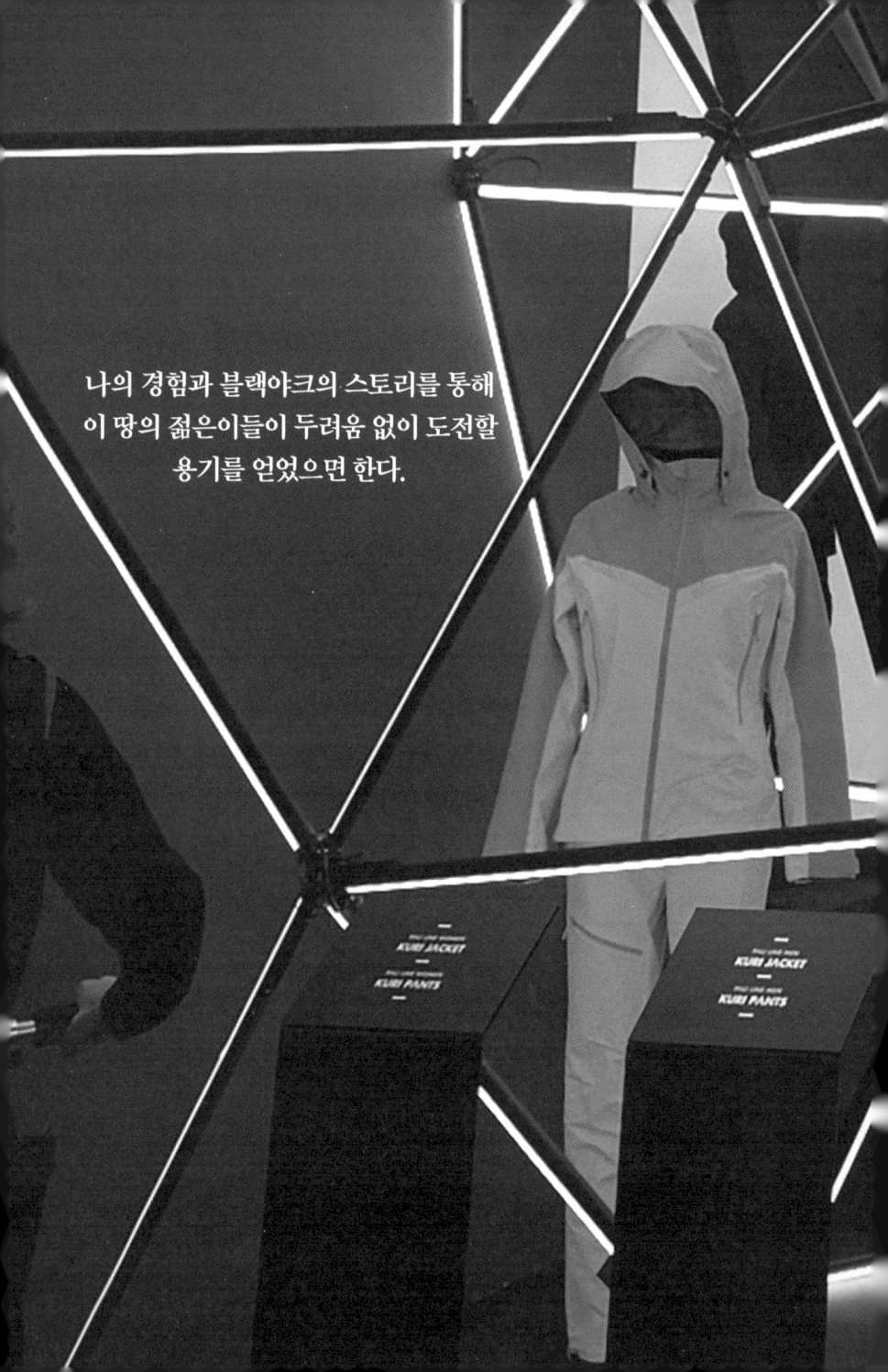

김우중 회장님과
나눈 마지막 이야기

———

"강 회장, 이번 책의 추천사는 자네가 꼭 좀 써주게."

2019년 가을, 김우중 회장님으로부터 전화 연락을 받았다. 대우세계경영연구소가 발간하는 『우리에겐 세계경영이 있습니다』의 추천사를 써달라는 부탁이었다. 평소 어떤 청도 하지 않는 분인지라 두말 않고 그러겠다고 답했다. 이후 얼마 지나지 않아 회장님의 별세 소식을 들었다.

착잡한 마음으로 수원 아주대학교 장례식장에 도착했다. 회장님의 유지를 받든 소박한 장례식이었는데 나는 못내 아쉽고 가슴이 아팠다. 물론 평소 회장님을 존경하는 수많은 이들이 와서 애도해 주었지만 내가 느끼기에는 너무 초라한 마지막 인사였다. 국가를 위해 수많은 업적을 남긴 위대한 경영자였건만, 대우라는 그늘이 사라지니 회장님을 보는 시선 또한 완연히 달라졌고 그런 인식이 장례식장에서도 고스란히 느껴졌다. 사회의 냉혹함과 비정함을 절감했다.

회장님은 언젠가 내게 대우에 대한 아쉬움을 이야기하면서 직원들에 대한 미안함을 전하기도 했다. 자신은 평생 최선을 다해서 하고 싶은 것을 했기에 이제는 억울함도 미련도 없지만, 한창 일해야 할 나이에 회사를 떠나야 했던 직원들의 원망은 꼭 풀어주고 싶다고 했다. 그런데 그 바람을 뒤로한 채 황망히 떠나신 것이다.

이제 대우는 사라졌고 회장님도 세상을 떠났다. 하지만 대우와 회장님의 도전 정신만큼은 경영자들에게 마르지 않는 영감의 샘물로 남아 있다. 김우중 회장님은 1967년 서른한 살의 나이에 대우실업을 창업했다. 2년 후에는 호주 시드니에 해외지사를 설립한 한국 최초의 기업이 되었다. 그렇게 시작한 세계경영은 우리나라도 원천 경제 국가가 되어야 한다는 강한 신념에 기반한 것이다. 이후 사회주의 국가를 비롯해, 심지어 우리나라 정부와 국교를 맺지 않은 나라들에도 진출했다. 만약 대우가 사라지지 않았다면 우리나라 경제의 위상도 달라지지 않았을까.

남다른 인연으로 서로를 알아보다

김우중 회장님과의 인연은 14년 전으로 거슬러 올라간다. 물론 1980년대부터 여러 공식적인 장소에서 가끔 마주치기는 했지만 그때는 의례적인 인사만 나누던 사이였다. 당시 회장님은 나를 '제주도 출신의 젊은 친구' 정도로만 생각했던 것 같다. 그러다가 2011년 하노이에서의 만남을 계기로 진지하게 마음을 트고 속 깊은 이야기를 나누는 관계로 발전했다. 그때 지난 과거를 회상하면서 서로를 더 가깝게 느끼며 이해하게 되었다. 우리는 제주와 인연이 깊다는 공통점이 있었으며, 대우그룹이 아웃도어에 진출했을 때 동진레저가 제품을 납품했었기에 남다른 관심을 갖고 있었다.

1982년 무렵 야간 통행금지 해제 이후 '무박산행' 유행

열풍을 타고 대우, 삼성, LG 등 대기업들이 아웃도어 분야에 진출했다. 그때 우리는 '하이파이브'라는 브랜드를 만들어 대우에 배낭과 텐트 등 각종 아웃도어 제품을 제작하여 납품했다. 그런데 초도 물량을 주문받은 뒤에도 브랜드명이 결정되지 않아서 난감한 상황이었다. 당시 대우 측 담당자였던 오태동 대리와 나는 여관방을 잡아놓고 몇 날 며칠을 고민했다. 수십 개의 안을 두고 설왕설래하다가 내가 "이왕이면 강하게 갑시다!" 하며 내놓은 '하이파이브'로 브랜드명이 정해졌다.

하지만 대우그룹의 아웃도어 진출은 다른 대기업들과 마찬가지로 불과 몇 년 만에 실패로 끝났다. 1986년 서울아시안게임과 1988년 서울올림픽 이후 기업들이 아웃도어 시장보다 스포츠 시장에 집중하며, 아웃도어 시장이 상대적으로 축소된 것이다. 나중에 들어보니 김우중 회장님은 그때 동진레저가 대우에 제품을 납품했다는 사실조차 모르고 있었다. 그러다 세월이 흘러 하노이에서 하이파이브 이야기를 나누게 될 줄이야. 사람의 인연은 결코 우연이 아니다.

무엇보다 우리는 부모님이 제주 출신이라는 공통분모

를 가지고 있었다. 회장님은 제주도지사를 지내신 우당 김용하 선생의 아들이었다. 대구에서 태어나 유년 시절을 보냈지만 제주와의 인연은 남다를 수밖에 없다. 그래서 훗날 아버지의 이름을 딴 우당도서관을 건립했고, 제주도 립운동장도 짓게 되었다. 그 후로 제주 사람들과의 인연은 더욱 각별해졌고 나와의 만남도 잦아졌다.

처음에는 하노이대우호텔에서 만나 식사하고 함께 골프를 치곤 했다. 그러다 어느 순간부터는 회장님의 댁으로 찾아가게 되었다. 집에 들어서면 집안일을 돕던 아주머니가 먼저 나와 반갑게 맞아주곤 했다.

"회장님은 어디 계십니까?"

"지금 부엌에서 음식을 만들고 계십니다. 회장님은 강 회장님 오시는 날이면 제일 신나 하셔요. 오늘도 아침부터 시장에 가서 손수 장도 봐 오셨어요."

채소볶음과 김치찌개, 두툼한 계란말이까지, 회장님이 직접 만들어주신 한식은 제법 맛이 좋았다. 우리 일행이 그 음식을 맛있게 먹으면 미소를 띠며 아주 좋아하셨다. 지금도 그 모습이 눈에 선하다. 내가 하노이에 출장을 갈 때마다 회장님께 연락드리면 아주 반가워하셨다. 오랜 외지 생활 탓에 사람이 많이 그리우신 듯했고, 대화 속에서도 외로움이 느껴졌다. 나 역시 하노이로 출장을 갈 때면 회장님을 뵐 생각에 마음이 설레곤 했다. 이제는 하노이에 가도 뵐 수 없어서 못내 아쉽고 또 그립다.

기업가에게 돈을 번다는 것은 어떤 의미인가

김우중 회장님과는 경영에 관해 많은 이야기를 나누었다. 대우그룹의 세계경영 스토리와 회장님의 기업가 정신은 늘 내 가슴을 뛰게 했다. '국내 기업과 경쟁하지 말고 세계로 나가 글로벌 기업과 경쟁하라'는 격려는 블랙야크가 확신을 갖고 세계로 진출하는 데 큰 동력이 되었다. 또한 해외에 진출할 때도 이익만 좇아서는 안 된다는 조언은 기업가 정신에 대해 다시 한번 생각하게 해주었다.

대우는 해외 기업을 인수할 때 먼저 신뢰를 쌓는 일에 집중했고, 악의적으로 기업을 인수한 적은 없었다. 실제로 프랑스의 국민 기업인 톰슨 멀티미디어 인수 사례가 그랬다. 1990년대 초반 대우그룹은 세계경영을 공식적으로 표방하며 TV 생산 세계 1위, 자동차 분야 세계 10위 진입이라는 청사진을 제시했다. 이를 위해 프랑스의 톰슨 멀티미디어를 인수하려고 하자 전 세계가 경악했다. 이름도 낯선 아시아의 기업이 선진국의 국민 기업을 인수하겠다니 놀랄 만도 했다. 무엇보다 프랑스 국민들의 반발이 극심했다. 이에 김우중 회장님은 인수를 중단했다. 그 나라 국민들의 자존심을 건드리면서 사업을 하는 것은 기업가 정신에 맞지 않다고 판단했기 때문이다.

또한 신흥국에 진출할 때는 '50 대 50'의 원칙을 고수했다. 번 돈의 반만 회사 이익으로 남기고 나머지 반은 현지에 환원한다는 의미다. 이는 대우가 아프리카뿐 아니라 해외 시장에서 성공한 중요한 동력으로, 기업을 하면서 돈을 번다는 것의 의미를 다시 생각하게 한다.

"나는 기업을 하면서 돈을 벌겠다는 생각은 해보지 않았어. 일하다 보니 돈이 벌렸던 거지. 사업을 하면서 상대를 신뢰하고 이익을 나누면 처음에는 돈을 적게 버는 것 같지만 그렇지 않아. 함께 사업을 키워나가다 보면 나중에는 훨씬 더 큰 돈을 벌기 마련이야."

회장님의 이러한 경영 정신은 블랙야크의 해외 진출 전

략과도 일맥상통한다. 나 역시 신뢰와 배려가 근간이 되지 않은 사업은 결코 성장할 수 없다는 신념을 갖고 있다. 회장님과의 대화는 이러한 내 생각에 강한 확신을 갖는 계기가 되어주었다. 해외 진출을 경험해 보면 제품을 판매할 전략만큼이나 그 나라 국민의 신뢰와 사랑을 받는 것이 중요하다는 사실을 절감하게 된다. 이는 국내 경영에서도 마찬가지다. 블랙야크가 나눔재단 등을 통해 사회 공헌에 앞장서고, 다양한 프로그램으로 고객들이 자연과 함께하는 즐거움을 느낄 수 있게 하고, 지속적인 환경 운동을 펼치는 것도 이러한 이유에서다.

"경영은 같이 노력하고 같이 나누면서 함께 가자는 마음으로 해야지 혼자서 다 취하려 하면 안 돼."

김우중 회장님의 이 말은 항상 나를 깨어 있게 하고, 기업가로서의 마음가짐을 새롭게 다지게 한다.

기업가는 이 나라 청년들을 위해 무엇을 해야 하는가

회장님은 돌아가시기 전까지도 한국 경제와 교육에 대

해 고민이 많으셨다. 유난히 강조한 것은 청년들을 위한 교육이다. 예나 지금이나 가장 소중한 자산은 젊은이라고 생각했고, 그들이 더 넓은 세상으로 나가 큰일을 해야 우리나라 경제도 발전할 수 있다고 믿었다. 그래서 해외 생활을 하면서도 베트남에 한국 학생을 교육할 학교를 지었다. 이른바 김우중 사관학교로 불린 글로벌청년사업가양성사업(Global Young Business Manager, GYBM)이다. 이 학교는 해외 진출을 꿈꾸는 한국 대학 졸업생들을 선발해 교육하고 훈련시키는 프로그램으로 운영된다. 학생들은 졸업 후 GYBM에서 다진 실력을 바탕으로 해외에서 자신만의 도전을 이어간다.

오늘날 해외로 진출하려는 스타트업들은 대우의 성장과정을 살펴보는 것만으로도 좋은 공부가 될 수 있다. 대우는 사업 시작부터 내수 독점 시장인 국내가 아닌 해외로 눈을 돌렸다. 해외 시장을 면밀하게 분석하고 기회가 보이면 재빨리 포착했으며, 시시각각 변하는 고객사와 소비자의 니즈에 대응하기 위해 현지 법인을 설립했다. 지금이야 당연한 일이지만 1970~1980년에는 파격에 가까웠다. 그야말로 아무도 가지 않은 곳에 가고, 아무도 하지 않은 일을 한 것이다.

"방법은 천 가지 만 가지나 있어. 안 하고 있을 뿐, 안 되는 일은 없어."

회장님의 이러한 정신은 오늘날 젊은이들의 가슴도 뛰게 할 것이다. 요즘은 취업난과 고용 불안에 시달리며 너도나도 안정적인 직장만을 선호하지만, 생각의 관점을 바꿔 아무도 가지 않은 곳에 가고, 아무도 하지 않은 일을 해봤으면 좋겠다. 나 역시 문밖에서 희망을 찾으려 할 때 세간의 우려가 대단했다. 하지만 그들의 비난을 뒤로하고 두려움 없이 도전할 수 있었던 것은 김우중 회장님 같은 기업가들의 성공 신화가 나침반이 되어주었기 때문이다.

1980~1990년대 김우중 회장님의 세계경영 철학이 2000년대 초 블랙야크의 도전 정신으로 이어졌듯이, 이제는 나도 이 땅의 젊은이들에게 비전과 자신감을 키워주기 위해 무엇을 할 수 있을지 고민 중이다. 나의 경험과 블랙야크의 스토리가 그들에게 두려움 없이 도전할 수 있는 길잡이 역할을 해줄 수 있으리라 믿는다. 여전히 세계는 넓고 할 일은 많지 않은가.

산도, 사업도, 우리 인생도
결국 오르막과 내리막을 끊임없이
오르내리는 과정이다.

에필로그

업의 본질을 지키는 창조자가 되자

얼마 전 한 아웃도어 업체가 티벳 히말라야 산맥 고산지대에서 불꽃놀이 행사를 했다. 승천하는 용을 형상화했다는 형형색색의 불꽃이 산등성이를 따라 연달아 터지는 모습을 보면서 나는 가슴이 철렁 내려앉았다. 고산지대의 환경에 미칠 영향과 동물들의 피해를 생각하니 정신이 아득해졌다. 해당 업체는 합법적인 행사였으며 피해가 없도록 사전 대비를 했다고 밝혔다. 하지만 논란이 확대되고 주가가 폭락하자 피해 복구를 약속하면서 사과문도 발표했다.

이 일은 나에게 '업의 본질'에 대해 다시 한번 생각하게 했다. 경영자가 업의 본질을 잊고 수단에 집착하면 어떻게 될까? 그 기업은 존재의 의미를 잃게 된다. 고객과의 관계에서 기업이 존재하는 이유를 망각한 채 단순히 제품을 많이 팔아 이익을 내는 데 골몰하는 경영을 한다면 그 기업은 오래 갈 수 없다. 그래서 경영상의 모든 화두와 판단도 업의 본질을 염두에 두고 그 연장선상에서 이루어져야 100년 기업을 넘어 영속 기업으로 나아갈 수 있으며 본연의 가치를 지켜나갈 수 있다.

나는 평생 산을 업으로 삼아왔다. 히말라야를 오르는 고통과 좌절, 환희와 영광 속에서 수많은 경영상의 영감을 얻었으며 인생의 의미도 성찰할 수 있었다. 산이 없었다면 청년 강태선의 도전도 없었고 오늘날의 블랙야크도 없다. 그래서 산을 지키고 자연환경을 보호하는 일은 더 좋은 아웃도어 제품을 만드는 일만큼이나 소중한 나의 의무이자 업의 본질이다. 오늘도 회사 집무실 창가에 펼쳐지는 구룡산과 대모산 그리고 청계산의 청청한 모습에 감사할 따름이다.

아무리 시대가 변해도 기업이 추구해야 할 가치는 변하지 않는다. 기업이 이익만 좇으면 결국 고객과 사회로부터 외면받는다. 고객과 이로움을 나누고 사회에 헌신하는 기업만이 영속성을 지닐 수 있다. 이는 내가 맨손으로 사업을 일궈 50년여 동안 경영을 해오면서 깨달은 진리다.

무엇보다 매사 업의 본질을 생각하면서 판단하고 선택하면 후회와 실수를 줄일 수 있다.

오늘날 젊은 사업가와 청년들에게 강조하고 싶은 메시지도 '업의 본질'을 잊지 말자는 것이다. 요즘은 그 어느 때보다 다양한 분야에서 뛰어난 역량을 겸비한 우수한 인재들이 많다. 하지만 내가 택한 일의 본질에 대해 심사숙고하고, 그 가치를 더 높이기 위해 어떤 노력을 해야 할지에 대한 고민은 소홀히 하는 것 같아서 못내 아쉽다. 일이 단지 삶의 수단이 되어 경제적 이익에만 집착한다면 소명을 갖고 매진할 나만의 일을 찾지 못할 수도 있다.

당장의 성공보다는 '성장'을 꿈꾸길 바란다. 무엇보다 인생에서 한 번쯤은 생각만으로도 가슴 뛰는 나만의 일을 찾아 창조자로 살아야 하지 않겠는가. 이때의 도전은 혹여나 실패하더라도 새로운 미래를 상상할 힘을 준다. 그러니 실패를 두려워해서는 안 될 일이다. 실패 후에도 분명 다음 기회가 있다. 포기하지만 않는다면 기회를 잃을 일은 없다.

앞으로도 나는 '3무 전략'과 '3불 정신'으로 나아가려 한다. 바라건대 이 책을 읽은 독자들도 이 두 가지를 떠올려주면 좋겠다. 시장, 소비자, 상품이 없어도 사업은 가능하며, 오히려 거기서 남들이 보지 못하는 놀라운 기회를 창조할 수 있다. 그리고 일을 할 때는 '없습니다, 모릅니다, 안 됩니다'라는 말만 하지 않아도 절반은 성공한 셈이다. 이런 태도로 살아간다면 세상의 변화를 두려워하지 않고, 오히려 그 변화 속에서 새로운 기회를 찾아 꿈꾸는 삶을 살 수 있을 것이다.

세상은 문밖에 있다

초판 1쇄 발행 2025년 11월 28일
초판 2쇄 발행 2025년 12월 16일

지은이 강태선
펴낸이 김선식

부사장 김은영
콘텐츠사업본부장 임보윤

책임편집 조은서
책임마케터 이현주
콘텐츠사업1팀장 한다혜 **콘텐츠사업1팀** 윤유정, 문주연, 조은서, 여소연
마케팅사업1팀 이고은, 지석배, 최민경, 이현주, 김은지 **홍보1팀** 김민정, 홍수경, 변승주
브랜드사업본부 정명찬
브랜드홍보팀 오수미, 서가을, 박장미, 박주현 **영상홍보팀** 이수인, 염아라, 이지연, 노경은
저작권팀 성민경, 이슬, 윤제희 **편집관리팀** 조세현, 김호주, 백설희
재무관리팀 하미선, 임혜정, 이슬기, 김주영, 오지수
인사관리팀 강미숙, 김혜진, 이정환, 황종원
제작관리팀 이소현, 김소영, 김진경, 유미애, 이지우, 황인우
물류관리팀 김형기, 김선진, 주정훈, 양문현, 채원석, 박재연, 이준희, 문명식
외부스태프 구성 및 스토리텔링 이선화 디자인 유어텍스트

펴낸곳 다산북스 **출판등록** 2005년 12월 23일 제313-2005-00277호
주소 경기도 파주시 회동길 490
대표전화 02-704-1724 **팩스** 02-703-2219 **이메일** dasanbooks@dasanbooks.com
홈페이지 www.dasan.group **블로그** blog.naver.com/dasan_books
용지 스마일몬스터 **인쇄** 상지사 **코팅 및 후가공** 제이오엘앤피 **제본** 상지사

ISBN 979-11-306-7321-9(03320)

· 책값은 표지 뒤쪽에 있습니다.
· 파본은 구입하신 서점에서 교환해 드립니다.
· 이 책은 저작권법에 의하여 보호를 받는 저작물이므로 무단 전재와 복제를 금합니다.

다산북스(DASANBOOKS)는 독자 여러분의 책에 관한 아이디어와 원고 투고를 기쁜 마음으로 기다리고 있습니다.
책 출간을 원하는 아이디어가 있으신 분은 다산북스 홈페이지 '투고원고'란으로 간단한 개요와 취지, 연락처 등을 보내주세요.
머뭇거리지 말고 문을 두드리세요.